Der Weihnachtsfestkreis

Franz-Rudolf Weinert

Der Weihnachtsfestkreis – Liturgie und Brauchtum

Matthias-Grünewald-Verlag • Mainz

Die Deutsche Bibliothek – CIP-Einheitsaufnahme

Weinert, Franz-Rudolf:
Der Weihnachtsfestkreis : Liturgie und Brauchtum / Franz-Rudolf Weinert. –
Mainz : Matthias-Grünewald-Verl., 1993
ISBN 3-7867-1713-3

Umschlag: Peter Offenberg Grafik, Nierstein
Abbildung: Die Geburt Jesu (l'evangile en papier), Les Editions Fides, Montréal
Satz: Textservice Zink, Heiligkreuzsteinach
Druck und Bindung: Echter, Würzburg

ISBN 3-7867-1713-3

Inhalt

Vorwort

Die Liturgiekonstitution des Zweiten Vatikanischen Konzils, wie sie vor nunmehr 30 Jahren veröffentlicht wurde, spricht immer wieder von der „vollen und tätigen Teilhabe der Gläubigen" am Gottesdienst der Kirche. Aus diesem Wunsch und Anliegen heraus ist das vorliegende Buch entstanden. Die Inhalte sind im Laufe der Jahre aus der Erkenntnis erwachsen, daß ein Weg zur vollen und tätigen Teilhabe am Gottesdienst der sein kann, daß man Verschüttetes birgt, Hintergründe wieder transparent macht, neu mit Leben füllt, was uns zum Leben dient: Zeichen, Symbole, Worte und Brauchtum der Liturgie.

Die gemachte Erfahrung, daß viele Menschen dadurch einen neuen Zugang zum Gottesdienst der Kirche finden, das bewußtere Mitfeiern ließ mich immer wieder auf die Suche gehen nach Zeichen, Symbolen und Brauchtumselementen – insbesondere zu den Festzeiten im Kirchenjahr. So ist dieses Buch entstanden, das den Weihnachtsfestkreis zum Inhalt hat. Die Advents- und Weihnachtszeit ist für viele Menschen die gefühlsbetonteste Zeit des Jahres; keine andere Zeit im Jahreslauf kennt ein so reiches Brauchtum, wenn auch die ursprüngliche Bedeutung vielfach überlagert ist. Dabei zeigt sich in den letzten Jahren, daß Menschen bestimmte Brauchtumselemente wieder für sich entdecken und versuchen in ihr Leben zu integrieren.

Die vorliegende Veröffentlichung will eine Hilfe und Anregung sein, die gewordene Liturgie des Weihnachtsfestkreises tiefer zu erfassen und vor diesem Hintergrund dann konkrete Vorschläge der Gestaltung für die gemeindliche Praxis in den Blick zu nehmen. Sie richtet sich an alle, die in den Bereichen Liturgie und Gemeindearbeit tätig sind.

Dieses Buch ist nicht aus theoretischen Einsichten entstanden, vielmehr aus der Praxiserfahrung der vergangenen zehn Jahre. Was hier zusammengetragen wurde, ist im Laufe meiner Tätigkeit in den Pfarreien St. Bonifatius – Gießen, Maria Himmelfahrt – Mainz-Weisenau und St. Ignaz – Mainz erwachsen, in verschiedensten Gottesdiensten und darüber hinaus. Somit verdanke ich in erster Linie den

Kindern, Jugendlichen und Erwachsenen dieser drei Pfarreien das vorliegende Buch, weil sie mich durch ihr gottesdienstliches Mitfeiern dazu inspiriert haben. Ihnen möchte ich dieses Buch auch widmen!

Mainz, in der Pfingstnovene 1993 *Franz-Rudolf Weinert*

Die Adventszeit

Der Name „Advent“ – Ankunft und Wiederkunft

Advent leitet sich vom lateinischen „adventus“ ab, das wir meist mit Ankunft übersetzen. In der Antike war es die Bezeichnung für den offiziellen Besuch eines Königs oder Kaisers nach Antritt seiner Herrschaft („adventus regis“). Auch die Ankunft der Gottheit im Tempel, die aus ihrer Verborgenheit hervortritt und ihre Gegenwart offenbart, konnte Advent bedeuten. Dem lateinischen adventus entspricht im Griechischen bisweilen Epiphanie (Erscheinung) bzw. auch Parusie (Wiederkunft).[1]

Advent ist im christlichen Sprachgebrauch ein doppeldeutiges Wort. Es besagt: Der Herr *ist* gekommen – und zugleich: Der Herr *wird* kommen.

„Siehe, es ist wieder Advent geworden im Jahr deiner Kirche, mein Gott. Wieder beten wir die Gebete der Sehnsucht und des Harrens, die Lieder der Hoffnung und der Verheißung. Und immer wieder ballt sich alle Not und alle Sehnsucht und gläubige Erwartung in das Wort zusammen: Komm! O seltsames Beten: Du bist doch schon gekommen und hast dein Zelt unter uns aufgeschlagen, du hast unser Leben geteilt mit seinen kleinen Freuden, seinem langen Alltag und seinem bitteren Ende. Konnten wir dich mit unserem „Komm“ zu mehr einladen als dazu? ...

... Und doch beten wir: Komm. Und doch kommt uns dieses Wort noch ebenso von Herzen wie einst den Erzvätern und Sehern, die deinen Tag nur von Ferne sahen und ihn segneten. Feiern wir bloß Advent, oder ist noch immer Advent? Bist du denn schon wirklich gekommen? ... Auf den ersten Seiten der Heiligen Schrift ist dein Kommen schon verheißen, und doch steht noch auf ihrem letzten Blatt, dem nie wird eines hinzugefügt werden, das Gebet: Komm, Herr Jesus! ...“

1 Vgl. Odo Casel, Advent. Über die Lebensform des Christen, in: Ders., Gegenwart des Christus-Mysteriums. Ausgewählte Texte zum Kirchenjahr, Mainz 1986, S. 29 f.

So beginnt Karl Rahner seine Betrachtung „Gott, der da kommen soll“[2]. Unser Leben ist gleichsam ein Advent; Gewißheit, Hoffnung und Erwartung zugleich. Das wollen die Wochen vor Weihnachten bewußtmachen.
An entsprechenden Stellen erinnert die Liturgie an diese adventliche Erwartungshaltung: „Wenn er wiederkommt im Glanz seiner Herrlichkeit, werden wir sichtbar empfangen, was wir jetzt mit wachem Herzen gläubig erwarten“ (Präfation vom Advent I); „Er schenkt uns in diesen Tagen die Freude, uns für das Fest seiner Geburt zu bereiten, damit wir ihn wachend und betend erwarten und bei seinem Kommen mit Liedern des Lobes empfangen“ (Präfation vom Advent II); „Was du durch sein erstes Kommen begonnen hast, wirst du bei seiner Wiederkunft an uns vollenden“ (Präfation vom Advent IV).
Von ihrem Wesen her ist die Kirche adventliche Kirche, die nicht nur in den vier Wochen vor Weihnachten ihren Herrn erwartet. Jedesmal, wenn wir Eucharistie feiern, heißt der Zuruf der Gemeinde im Hochgebet: „Deinen Tod, o Herr, verkünden wir, und deine Auferstehung preisen wird, *bis du kommst in Herrlichkeit.*“ So lange feiern wir Eucharistie, so lange brauchen wir seine Gegenwart im Sakrament, bis der Herr kommt und Alles in Allem ist.
Auch das Gedächtnis in den Hochgebeten „Wir verkünden sein heilbringendes Leiden, seine glorreiche Auferstehung und Himmelfahrt und erwarten seine Wiederkunft“ – Hochgebet III; „... und erwarten sein Kommen in Herrlichkeit“ – Hochgebet IV und der Einschub nach dem Herrengebet wollen vergegenwärtigen, was wir sind: Menschen, die „voll Zuversicht das Kommen unseres Erlösers Jesus Christus erwarten“[3].
„Wir warten auf die selige Erfüllung unserer Hoffnung: auf das Erscheinen der Herrlichkeit unseres Gottes und Retters Christus Jesus“ (Tit 2,13). – Dieses Pauluswort – wir hören es bezeichnenderweise in der neutestamentlichen Lesung der Christmette – spannt den Bogen von der ersten zur zweiten Ankunft: „Die Gnade Gottes ist uns erschienen, um alle Menschen zu retten. Sie erzieht uns dazu, ... besonnen, gerecht und fromm in dieser Welt zu leben, während

2 In: Ders., Worte ins Schweigen, Gebete der Einkehr, Freiburg [4]1977, S. 71.
3 Die lateinische Übersetzung bringt das besonders deutlich zum Ausdruck: „expectantes beatam spem et *adventum Salvatoris nostri Jesu Christi.*“

wir auf die selige Erfüllung unserer Hoffnung warten: auf das Erscheinen der Herrlichkeit unseres großen Gottes und Retters Jesus Christus."

Maranatha

Die frühen Christen haben mit ihrem häufig gesprochenen Gebetsruf „Unser Herr, komm!" (vgl. Offb 22,20) die Wiederkunft des Herrn als ein Ereignis voll Hoffnung und Freude ausgelegt.
Auch folgender zeitgenössischer Hymnus greift das Urgebet der Christen, das Maranatha[4], auf:

Erwartet den Herrn,
steht als Knechte bereit an der Tür.
Schon jauchzt jeder Stern,
seht, er kommt, seht, er kommt, wir sind hier.

Komm, Herr Jesus, Maranatha.

Entzündet die Lampen, ihr Mägde,
erglühet im Geist
im Kommen des Ewig-Geliebten,
der Kyrios heißt.

Komm, Herr Jesus, Maranatha.

Du wirfst dein Feuer zur Erde
und willst, daß es brennt,
und wir sind der Mund,
der anbetend dein Kommen bekennt.

Komm, Herr Jesus, Maranatha.

Silja Walter

Nach liturgischer Überlieferung wurde der wiederkehrende Herr in einer Osternacht erwartet, und man erwartete ihn von Osten her; entsprechend wurden von alters her die Kirchen geostet. Man malte

4 Vgl. auch die GL-Lieder Nr. 565: „Komm, Herr Jesus, komm zur Erde" und Nr. 568: „Komm, Herr Jesu, komm, führ die Welt zum Ende".

große Bilder von Christus als Pantokrator in die Apsiden der Kirchen. „Derjenige, der innerhalb des Domes an irgendeinem Punkt stehend oder in der liturgischen Prozession schreitend von Westen nach Osten gerichtet war. Was sah er? Er sah den wiederkehrenden Herrn, das Ziel der Geschichte, die innige Erwartung des frühen Abendlandes ... Unten an den Altären wurde das Testament des Herrn gefeiert, oben erschien im Bild der Wiederkehrende, dessen Ankunft alle ersehnten."[5]

Christus Pantokrator zeigt den richtenden und zugleich segnenden Christus. In seiner Linken hält er das Buch der Wahrheit, seine Rechte hat er zum Segensgestus erhoben. Die Gerechtigkeit des Weltenrichters und die Barmherzigkeit des Welterlösers vereinigen sich in diesem Bild.

„Dies irae" – „Tag des Zorns"

In der Geschichte der Christenheit gab es unterschiedliche Vorstellungen vom Kommen des Herrn. So wurde z.B. die Sequenz „Dies irae" einst vor dem Evangelium des ersten Adventssonntages gesungen.

Für die Christen des späten Mittelalters (die Sequenz stammt aus dem 14. Jahrhundert) erschien jener Augenblick als der schreckenerregende „Tag des Zornes", dem der Mensch mit Angst und Grauen entgegenblickte.

Dies irae, dies illa, solvet saeclum in favilla: teste David cum Sibylla.	Tag des Zornes, Tag der Zähren, Wird die Welt in Asche kehren, Wie Sibyll' und David lehren.	An diesem Letzten Tag, da ist es furchtbar! Die Welt geht zu Ende!
Quantus tremor est futurus, quando iudex est venturus, cuncta stricte discussurus!	Welch ein Graus wird sein und Zagen, Wenn der Richter kommt, mit Fragen Streng zu prüfen alle Klagen!	Ein jeder ahnt es! Vor dem, was da kommt, fürchtet sich jeder!

5 Wilhelm Nyssen, Vom Raumsinn romanischer Dome, dargestellt an der Kathedrale von Mainz, in: Walter Seidel (Hg.), Kirche aus lebendigen Steinen, Mainz 1975, S. 67.

Tuba, mirum spargens sonum per sepulcra regionum, coget omnes ante thronum.	Laut wird die Posaune klingen, Mächtig in die Gräber dringen, Hin zum Throne alle zwin- gen.	Unüberhörbar ruft man nach jedem! Jeder kommt dran!
Mors stupebit et natura, cum resurget creatura, iudicanti responsura.	Schaudernd sehen Tod und Leben Sich die Kreatur erheben, Re- chenschaft dem Herrn zu geben.	Die Welt ist sprachlos! Und auch der Tod hat nichts mehr zu reden!
Liber scriptus proferetur, in quo totum continetur, unde mundus iudicetur.	Und ein Buch wird auf- geschlagen, Treu ist dar- in eingetragen Jede Schuld aus Erdentagen.	An diesem Letzten Tag, da ist Gerichtstag! Jeder ist angeklagt!
Iudex ergo cum sedebit, quidquid latet, apparebit: nil inultum remanebit.	Sitzt der Richter dann zu richten, Wird sich das Verborgne lichten; Nichts kann vor der Strafe flüchten.	Alles ist registriert! Alles ist protokolliert! Alles ist aktenkundig!
Quid sum miser tunc dicturus, quem patronum rogaturus, cum vix iustus sit securus?	Weh! Was werd' ich Ar- mer sagen, Welchen An- walt mir erfragen, Wenn Gerechte selbst verza- gen!	Der Richter benötigt keine Beweise! Alles ist klar!
Rex tremendae maiestatis, qui salvandos salvas gratis, salva me, fons pietatis.	König schrecklicher Ge- walten, Frei ist deiner Güte Schalten, Gnaden- quell, laß Gnade walten!	Ich kann nichts leug- nen! Mir bleibt nicht einmal die winzigste Ausflucht!
Recordare, Jesu pie, quod sum causa tuae viae: ne me perdas illa die.	Denk, o Jesus, der Be- schwerden, Die Du trugst für mich auf Er- den, Laß mich nicht zu- schanden werden.	Ich verlasse mich dar- auf, daß der Richter mich kennt, und daß er es gut meint!
Quaerens me, sedisti lassus, redemisti crucem passus: tantus labor non sit cassus.	Hast gesucht mich un- verdrossen, Hast am Kreuz Dein Blut vergos- sen; Sei es nicht umsonst geflossen!	Jesus! Denk doch daran, daß Du schon einmal da warst für mich!

Iuste iudex ultionis, donum fac remissionis ante diem rationis.	Strenger Richter aller Sünden, Laß mich hier Verzeihung finden, Eh' der Hoffnung Tage schwinden.	Mich warst Du suchen! Bis zum Umfallen bist Du mir nachgerannt!
Ingemisco tamquam reus, culpa rubet vultus meus: supplicanti parce, Deus.	Seufzend steh' ich schuldbefangen, Schamrot glühen meine Wangen, Laß mein Bitten Gnad' erlangen.	Für mich gingst Du leiden! War denn dies alles etwa vergebens?
Qui Mariam absolvisti, et latronem exaudisti, mihi quoque spem dedisti.	Hast der Sünderin verziehen, Und dem Schächer Gnad' verliehen, Sieh auch mich vertrauend knien.	Du hast ja alles getan, mich zu retten! Rett mich auch jetzt!
Preces meae non sunt dignae: sed tu bonus fac benigne, ne perenni cremer igne.	Zwar nicht würdig ist mein Flehen, Doch aus Gnaden laß geschehen, Daß ich mög' der Höll' entgehen.	Schau, ich bin schamrot! Ja, ich bin schuldig! Doch schone mich trotzdem!
Inter oves locum praesta, et ab haedis me sequestra, statuens in parte dextra.	Bei den Schafen gib mir Weide, Von der Böcke Zahl mich scheide, Stell mich auf die rechte Seite.	Huren und Mörder hast Du bekehrt! Das macht mir Hoffnung!
Confutatis maledictis, flammis acribus addictis, voca me cum benedictis.	Wenn verdammt zur Hölle fahren, Die im Leben böse waren, Ruf mich mit den sel'gen Scharen.	Nichts spricht für mich, das weiß ich sehr wohl! Dennoch vertrau ich!
Oro supplex et acclinis, cor contritum quasi cinis: gere curam mei finis.	Mit zerknirschtem Herzen wende Flehend ich zu Dir die Hände, Steh mir bei an meinem Ende.	Wenn Du Gericht hältst und streng beurteilst, was gut und schlecht ist,
Lacrimosa dies illa, qua resurget ex favilla iudicandus homo reus:	Tag der Tränen, Tag der Wehen, Da vom Grabe wird erstehen Zum Gericht der Mensch voll Sünden. Laß ihn, Gott, Erbarmen finden!	ganz wie ein Hirt, der die Tiere sortiert nach rechts und links,

Huic ergo parce, Deus.
Pie Jesu Domine,
dona eis requiem.

Milder Jesus, Heiland
Du, Schenke ihnen ewi-
ge Ruh!
Amen.[6]

möcht ich doch stehen
auf dem rechten Platz!
Bei Dir möcht ich sein!

Solltest du jemand
wirklich verstoßen?
Entziehe Dich nicht!

An diesem Letzten Tag
wird mir ganz sicher
das Lachen vergehn!

Doch Du bist's, der
richtet!
Dir, Jesus, mein Herr,
Dir vertrau ich mich
an![7]

***

Die geschichtliche Entwicklung[8]

Erste Zeugnisse einer Vorbereitung auf die weihnachtlichen Feste sind im früheren Gallien und Spanien zu finden. Dort war die Adventszeit eine Art vorweihnachtliche Fastenzeit.
In Gallien, wo der Einfluß des Orients stärker war, wurde – früher als das römische Weihnachtsfest am 25. Dezember – das Epiphaniefest (6. Januar) eingeführt, das ein großer Tauftag war. In Analogie zu der Fastenzeit vor Ostern erforderte auch dieses Fest eine 40tä-

6 Nach: Urbanus Bomm, Lateinisch-deutsches Volksmeßbuch. Das vollständige römische Meßbuch für alle Tage des Jahres, Einsiedeln/Köln 1961, S. 1667-1669.
7 Josef Dirnbeck.
8 Vgl. hierzu das Handbuch der Liturgiewissenschaft, Teil 5: Hansjörg Auf der Maur, Feiern im Rhythmus der Zeit I. Herrenfeste in Woche und Jahr, Regensburg 1983, S. 180 f.

gige Vorbereitung, die mit dem 11. November begann und „Quadragesima sancti Martini“ genannt wurde.[9] Dieser fastenmäßige Beginn des Weihnachtsfestes wurde erst später (6./7. Jahrhundert) liturgisch ausgestaltet.
In Rom entstand wohl unter Gregor dem Großen (6. Jh.) eine liturgisch geprägte Adventszeit mit verschiedenartiger Dauer. Im 12./13. Jahrhundert setzt sich allgemein der vierwöchige Advent durch. Seit dieser Zeit betrachtet man den ersten Adventssonntag als liturgischen Jahresanfang, auch dadurch dokumentiert, daß die liturgischen Bücher mit der Adventszeit beginnen.
Während die römische Adventszeit mehr den inkarnatorischen Aspekt, das feiernde Gedächtnis der ersten Ankunft Christi, betonte, war der gallische Advent eher eschatologisch geprägt; die Betonung des Weltgerichtes, der Endzeit, des wiederkehrenden Herrn. Beide Aspekte durchdringen sich im Laufe der Zeit und sind auch heute noch in der Liturgie erkenntlich. Der Advent als Bußzeit hat sich im gallischen Liturgiebereich unter dem Einfluß irischer Mönche ausgeprägt, weil man Christus vor allem als den wiederkehrenden Richter sah. In der Liturgie führte das u.a. zum Wegfall des Gloria, Halleluja und Te Deum. Bei der Ausbildung des Farbkanons wählte man für den Advent die violette Farbe.
Dieser von der Askese geprägte Advent hat zwar auf die römische Liturgie eingewirkt, konnte diese aber nur äußerlich bestimmen. In den liturgischen Texten des Advents blieb das Frohe und die Erwartung erhalten, was auch die Beibehaltung des Halleluja zeigt.[10]

***

9 Rechnet man vom 6. Januar 40 Tage zurück, unter Auslassung der Sonnabende und der Sonntage, die keine Fasttage waren, kommt man auf den 11. November.

10 Wenn auch heute noch das Gloria während des Advents wegfällt, wird dies in der Neuordnung des Kirchenjahres so begründet: „Der Gesang der Engel an Weihnachten soll wieder wie etwas Neues erklingen.“

Advent in seiner heutigen Form

Advent im Jahr der Kirche ist die Zeit vor Weihnachten, „die mit der ersten Vesper des Sonntags, der auf den 30. November fällt oder diesem Datum am nächsten kommt, beginnt und vor der ersten Vesper von Weihnachten schließt“ (GOK 40).
Die Adventszeit hat einen doppelten Charakter: „Sie ist einerseits Vorbereitungszeit auf die weihnachtlichen Hochfeste mit ihrem Gedächtnis des ersten Kommens des Gottessohnes zu den Menschen. Andererseits lenkt die Adventszeit zugleich durch dieses Gedenken die Herzen hin zur Erwartung der zweiten Ankunft Christi am Ende der Zeiten“ (GOK 39). Unter beiden Gesichtspunkten will der Advent eine Zeit „hingebender und freudiger Erwartung“ sein.
Das alte Kirchenrecht verbot eine feierliche Trauung im Advent und in der Fastenzeit. Auch wenn das Recht das nicht mehr fordert, heißt es in der pastoralen Einführung zur neuen Ordnung der Feier der Trauung: „Im Advent, in der Österlichen Bußzeit und an Tagen mit Bußcharakter wird der Seelsorger die Brautleute auf die Bedeutung dieser Zeiten und Tage hinweisen und sie bitten, darauf Rücksicht zu nehmen“ (Nr. 22).
Die Instruktion „Über die Musik in der Liturgie“ ruft schließlich noch in Erinnerung: „In der Adventszeit, in der Fastenzeit, im Triduum sacrum, im Totenoffizium und in der Eucharistiefeier für Verstorbene ist Instrumentalmusik nicht statthaft“ (Nr. 66).

Die *Byzantinische Liturgie* kennt keine eigentliche Adventszeit, wohl aber geht dem Weihnachtsfest das früher auch im Abendland bekannte Advents-Fasten voraus. Diese 40tägige Fastenzeit dauert vom 15. November bis zum 24. Dezember; sie wird auch „Philippsfasten“ genannt, weil am 15. November das Fest des Apostels Philippus gefeiert wird.
Vom 21. November an, dem Fest des „Eintritts der Hochheiligen Herrin, der Gottesgebärerin in den Tempel“, singt die Kirche täglich im Gebet: „Christus wird geboren, rühmt ihn!“ – und gibt dem Fest damit einen unübertrefflichen christologischen Charakter.
Die beiden letzten Sonntage vor dem Weihnachtsfest sind den

Frommen des Alten Testaments gewidmet; der letzte Sonntag den Ahnen Christi im Fleisch seit Adam und den Propheten, die Christi Geburt geweissagt haben.
Der Vigiltag vor Weihnachten ist in der Byzantinischen Liturgie strenger Fasttag; es wird das große oder trockene Fasten genannt, bei dem man sich von Speise und Trank enthält.

***

Die liturgischen Texte

Die Adventssonntage – Themen, Gestalten, Motive

„Die Evangelien sind geprägt durch ihren Bezug auf die Wiederkunft des Herrn (Erster Adventssonntag), auf Johannes den Täufer (Zweiter und Dritter Adventssonntag) und auf die Geschehnisse, die der Geburt des Herrn unmittelbar vorausgingen (Vierter Adventssonntag). Die Lesungen aus dem Alten Testament bestehen aus prophetischen Texten (hauptsächlich aus dem Buch Jesaja) über den Messias und die messianische Zeit. Die Lesungen aus den Apostelbriefen bieten Weisungen und Ankündigungen entsprechend der Eigenart des Advents" (PEM 93).

Erster Adventssonntag

Mit dem Christkönigssonntag geht das Kirchenjahr zu Ende. Die Kirche beendet ihr Jahr mit dem Herrentag der Parusie. Und wie die Kirche es beendet, so beginnt sie auch das neue gleich wieder, nämlich mit dem Evangelium von der zweiten Ankunft Christi.
Auch in den Lesungen dominiert dieses Thema. Das Verbindende

der Perikopen ist aber nicht nur der Verweis auf das endzeitliche Kommen des Herrn, sondern auch der Aufruf zur Wachsamkeit.[11]

Die Öllampe

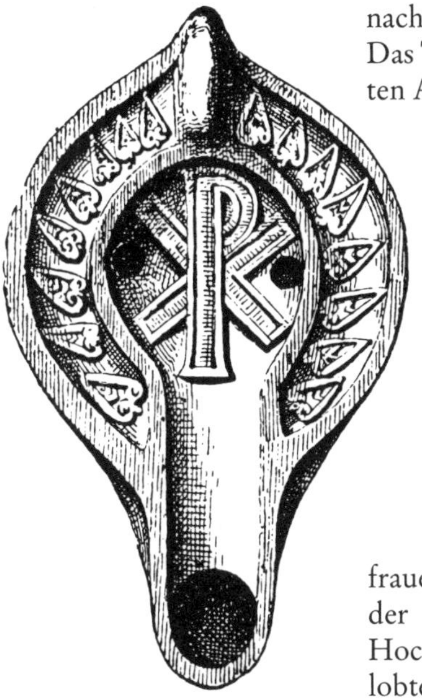

Die Öllampe ist Sinnbild für adventliches Warten und Ausschauhalten nach Christus, dem Licht der Welt. Das Tagesgebet vom Freitag der zweiten Adventswoche bittet:

Allmächtiger Gott,
gibt, daß wir die Ankunft
deines Sohnes
mit großer Wachsamkeit
erwarten
und unserem Erlöser und
Heiland Jesus Christus
mit brennenden Lampen
entgegengehen.

Das Gleichnis Jesu von den klugen und törichten Jungfrauen klingt an (Mt 25,1-13). Einer der Höhepunkte orientalischer Hochzeiten ist die Ankunft des Verlobten im Haus der Brauteltern, meist nach Anbruch der Dunkelheit. Die Brautjungfern sollen ihn empfangen und ihn in das Haus geleiten. „Als nun der Bräutigam auf sich warten ließ, schliefen alle ein. Um Mitternacht aber erhob sich ein Geschrei: „Der Bräutigam kommt! Geht ihm entgegen!“ (Mt 25,6).
Diese Szene aus dem Evangelium, die in Philipp Nikolais Lied: „Wachet auf, ruft uns die Stimme“ (GL 110) ihren Niederschlag gefunden hat, ist auch auf den Portalen romanischer und gotischer Kirchen im Mittelalter häufig dargestellt worden (vgl. das Freiburger und Straß-

11 Vgl. Adventspräfation II, s. S. 14.

burger Münster). Beim Eintritt in die Kirche wurde den Gläubigen dieses Bild vor Augen gestellt. Der einfache Kirchenbesucher wird die Geschichte vor allem als Mahnung verstanden haben, sich nicht unvorbereitet vom Tod überraschen zu lassen. Die erschütternden Klagen der törichten Mädchen über ihr ausgebranntes Leben war aber auch gleichzeitig ein Impuls für die Christen der damaligen Zeit, nicht nutzlos zu leben, sondern die ihnen vom Herrn anvertrauten Talente zu verwirklichen und in ihrem Leben einzusetzen.
Seit ihren Anfängen wacht die Kirche deshalb wie die Knechte im Evangelium, und wie die klugen Jungfrauen wartet sie mit brennenden Lampen bis zu der Stunde, wo der Ruf erschallt: „Seht, der Bräutigam kommt, auf, ihm entgegen!“[12]
Das Tagesgebet vom Montag der ersten Adventswoche lautet entsprechend:

> Hilf uns, Gott,
> daß wir voll Freude in diesen Tagen
> die Ankunft deines Sohnes erwarten.
> Nimm alle Trägheit von uns
> und mache uns bereit, zu wachen und zu beten,
> damit uns Christus nicht schlafend findet,
> wenn er kommt und anklopft ...

Der Introitus (Eröffnungsvers) zum ersten Advent heißt seit alter Zeit: „Zu dir, Herr, erhebe ich meine Seele. Mein Gott, dir vertraue ich. Laß mich nicht scheitern, laß meine Feinde nicht triumphieren! Denn niemand, der auf dich hofft, wird zuschanden“ (Ps 25,1-3). Psalm 25,4 bildet den Versikel des Introitus und des Graduale in der Meßfeier: „Zeige mir, Herr, deine Wege, lehre mich deine Pfade!“ Damit ist deutlich gemacht, daß die Kirche das neue Jahr als einen stets neu beginnenden Weg auffaßt. Advent hat somit den Charakter von Wegbereitung, was besonders in den Gesängen, den Evangelien, die von Johannes, dem Wegbereiter des Messias, handeln, und in den Orationen des ersten und zweiten Adventssonntags deutlich hervortritt.
In evangelischen Gemeinden wird das Evangelium vom Einzug Jesu nach Jerusalem gelesen. Die evangelischen Christen haben damit die

12 Vgl. auch das „Gotteslob“-Lied Nr. 567: „Der Herr bricht ein um Mitternacht“.

alte, römische Ordnung bewahrt. Dieser „Adventus“ kann sinngemäß den biblischen Texten des katholischen Gottesdienstes zugeordnet werden, die vom Kommen Gottes zu seinem Volk (vgl. GL 107: „Macht hoch die Tür …“ – die Liedfassung von Psalm 24) wie vom Entgegengehen des Volkes (vgl. den Kehrvers zum Antwortpsalm: „Freut euch allezeit, wir ziehn dem Herrn entgegen“; GL 118,5) handeln.
„Man kann sagen, die Liturgie des Advents bilde eine Art Triptychon. Auf der einen Tafel dieses dreiteiligen Altars steht Johannes der Täufer als die groß beherrschende Figur des Advents. Die andere Tafel zeigt Maria, die Mutter des Herrn. Die beiden deuten auf die mittlere Tafel: auf Christus selbst. Johannes der Täufer und Maria sind die beiden großen Typen adventlichen Daseins“[13] (siehe dazu auch die Betrachtung S. 29 ff).

Zweiter und dritter Adventssonntag

Johannes

„Johannes der Vorläufer“, „der Wegbereiter“, so nennt ihn die Ostkirche. Er war es, von dem sein Vater Zacharias sagte: „Und du,

13 Joseph Ratzinger, Dogma und Verkündigung, München ^{3}1977, S. 370.

Kind, wirst ... dem Herrn *vorangehen* und ihm den *Weg bereiten*" (Lk 1,76).
Wenn Johannes in der östlichen Ikonographie mit Flügeln dargestellt wird, dann ist damit auf die Stelle Bezug genommen, in der es heißt: „Ich sende meinen Boten – wörtlich: meinen Engel – vor dir her; er soll den Weg für dich bahnen" (Mk 1,2).
Das Tagesgebet am Mittwoch der zweiten Adventswoche sowie die Präfation vom Advent II nennen seine Bedeutung für damals und heute.

Tagesgebet

Allmächtiger Gott,
du hast uns durch Johannes den Täufer gemahnt,
Christus, dem Herrn, den Weg zu bereiten.
Stärke uns mit deiner Kraft,
damit wir nicht müde werden, diesem Ruf zu folgen,
sondern die tröstende Ankunft dessen erwarten,
der uns Heilung bringt.
Darum bitten wir durch ihn, Jesus Christus.

Präfation vom Advent II
– Das Warten auf den Herrn einst und heute –

In Wahrheit ist es würdig und recht, dir, Herr, heiliger Vater, allmächtiger, ewiger Gott, immer und überall zu danken durch unseren Herrn Jesus Christus. Von ihm redet die Botschaft aller Propheten, die jungfräuliche Mutter trug ihn voll Liebe in ihrem Schoß, seine Ankunft verkündete Johannes der Täufer und zeigte auf ihn, der unerkannt mitten unter den Menschen war. Er schenkt uns in diesen Tagen die Freude, uns für das Fest seiner Geburt zu bereiten, damit wir ihn wachend und betend erwarten und bei seinem Kommen mit Liedern des Lobes empfangen.

Die Evangelien am *zweiten und dritten* Advent sind durch die Gestalt des Johannes geprägt. Seine Botschaft schließt gut an die Verkündigung des ersten Adventssonntages an: Auch der Täufer spricht vom endzeitlichen, richtenden Handeln des Herrn, aber er bereitet zugleich durch seine Predigt das irdische Auftreten des Messias vor. So ist die Botschaft Johannes' des Täufers eine gute

Brücke vom ersten Adventssonntag, der die „zweite Ankunft am Ende der Zeit“ verkündet, zum vierten Adventssonntag, der mit seiner Botschaft auf das „erste Kommen des Gottessohnes zu den Menschen“ ausgerichtet ist.
Der dritte Advent hat einen eigenen Namen: „Gaudete“, benannt nach dem lateinischen Anfangswort des Eröffnungsverses der Meßfeier: „Gaudete in Domino semper ...“: Freut euch im Herrn zu jeder Zeit ... Denn der Herr ist nahe (Phil 4,4-5).
Die zweite Hälfte der Adventszeit beginnt; die Weihnacht rückt immer näher. Die Freude über das nahe Fest drückt sich in dem rosa Meßgewand aus, das der Priester tragen kann: das etwas freundlichere Rosa, das zwischen Violett, der eigentlichen Farbe des Advents, und dem Weiß, der Farbe von Weihnachten, die Mitte hält.

Maria

Maria ist die Frau, die uns Christus verheißt. Die Lauretanische Litanei nennt sie „Stella matutina“ (Morgenstern). „Bekanntlich geht dieser Stern zusammen mit der ‚Morgenröte‘ dem Aufgang der Sonne voran: So ist Maria dem Kommen des Heilandes vorangegangen, dem Aufgehen der ‚Sonne der Gerechtigkeit‘ in der Geschichte des Menschengeschlechtes“ (Enzyklika Mater Redemptoris, S. 6 f). Ihre Anwesenheit schon vor der Ankunft Christi findet jedes Jahr ihren Ausdruck in der Adventsliturgie.
Seit dem 5. Jahrhundert wird in Rom bei der ein- bis dreiwöchigen Vorbereitung auf Weihnachten der Aspekt der Menschwerdung Gottes besonders hervorgehoben, was zugleich eine marianische Prägung bedeutet: die besondere Rolle der Mutter des Herrn in der Heilsgeschichte. In diesem Zusammenhang steht – rein zeitlich betrachtet – das Hochfest der Erwählung Mariens (8. Dezember). Es ist das erste Hochfest, das die Kirche im neuen Kirchenjahr feiert. Das Jahr beginnt mit Maria; sie ist der „Anfang des Heils“, wie die Ostkirche sie nennt. Das Heil, das in der Geburt ihres Sohnes endgültig offenbar geworden ist.
Anfänglich unter Bildern und Prophetien verhüllt (vgl. Ps 85,13 als Kommunionvers am 1. Advent: „Der Herr wird seinen Segen spenden, und unsere Erde bringt ihre Frucht hervor“ – Jes 7,14 f als Lesung im Stundengebet der Mittwoch-Laudes: „Seht, die Jungfrau

wird ein Kind empfangen, sie wird einen Sohn gebären, und sie wird ihm den Namen Immanuel – Gott mit uns – geben. Er wird Butter und Honig essen bis zu der Zeit, in der er versteht, das Böse zu verwerfen und das Gute zu wählen"), wird ihre Gegenwart deutlicher vom 17. Dezember an, vor allem in den Evangelien.[14]
Die marianischen Antiphonen des Stundenbuches sehen für die Advents- und Weihnachtszeit das „Alma Redemptoris Mater" vor.[15]

Erhabene Mutter des Erlösers, du allezeit offene Pforte des Himmels und Stern des Meeres, komm, hilf deinem Volke, das sich müht, vom Falle aufzustehn. Du hast geboren, der Natur zum Staunen, deinen heiligen Schöpfer. Unversehrte Jungfrau, die du aus Gabriels Munde nahmst das selige Ave, o erbarm dich der Sünder.	Alma Redemptoris Mater, quae pervia caeli porta manes et stella maris, succurre cadenti, surgere qui curat populo: tu quae genuisti natura mirante tuum sanctum Genitorem. Virgo prius ac posterius, Gabrielis ab ore sumens illud Ave, peccatorum miserere.

Vierter Adventssonntag

Das Gesicht dieses Sonntags ist in der Mehrzahl seiner Texte *von der Person Mariens geprägt*. Sowohl die katholische als auch die evangelische Ordnung rückt die Geschehnisse, die der Geburt Christi vorausgehen, in den Mittelpunkt der Verkündigung. Im katholischen Gottesdienst liest man die Ankündigung der Geburt an Josef (Lesejahr A – Mt 1,18-24), die Botschaft des Engels an Maria (Lesejahr B – Lk 1,26-38) und die Begegnung von Elisabet und Maria (Lesejahr C – Lk 1,39-45).
Mit dem vierten Adventssonntag schließt sich der Ring der heiligen Zeit, die auf Weihnachten vorbereiten will. Im Introitus „Tauet, ihr Himmel, von oben, und ihr Wolken, regnet den Gerechten herab" –

14 Vgl. François Reckinger, Gott begegnen in der Zeit. Unser Kirchenjahr, Paderborn 1986, S. 145.
15 Vgl. die Übertragung: GL 577.

klingt noch einmal der Grundton dieser Tage an. Die Präfation der Meßfeier schaut auf das nahe Fest mit den Worten:
„Denn schon leuchtet auf der Tag der Erlösung, und nahe ist die Zeit unseres Heiles, da der Retter kommt, unser Herr Jesus Christus" (Präfation vom Advent V).
Tages- und Gabengebet nehmen ausdrücklich auf die Botschaft des Engels an Maria Bezug. Unüberbietbar in der Formulierung ordnet das *Tagesgebet* die Menschwerdung auf das Paschamysterium hin:

Allmächtiger Gott,
gieße deine Gnade in unsere Herzen ein.
Durch die Botschaft des Engels
haben wir die Menschwerdung Christi,
deines Sohnes, erkannt.
Führe uns durch sein Leiden und Kreuz
zur Herrlichkeit der Auferstehung.
Darum bitten wir durch ihn, Jesus Christus.

Johannes und Maria, oder: Der Anfang des Heils – Eine Betrachtung

Schon am zweiten Adventssonntag haben wir von Johannes gehört, dem Rufer in der Wüste (Mt 3,1-12 – Lesejahr A; Mt 1,1-8 – Lesejahr B; Lk 3,1-6 – Lesejahr C); und auch der dritte Adventssonntag berichtet in seinen Evangelien vom Täufer. Die Ostkirche gab ihm den Beinamen „Wegbereiter", denn durch seine Predigt bereitete er das irdische Auftreten des Messias vor.
In der Adventszeit kann er auch uns durch die Erinnerung an die Ankunft Gottes unter den Menschen innerlich bereit machen. Deshalb hat die Liturgie seine Botschaft für diese Zeit vor Weihnachten ausgewählt.
Mir ist aufgefallen, daß wir bei den Heiligen immer den Todestag als ihr Fest feiern.
Auf die Frage, warum das so ist, geben uns die Christen der ersten Jahrhunderte eine sehr schöne Antwort. Sie sagen: „Der Todestag ist der ‚dies natalis', der eigentliche Geburtstag des Menschen, der Geburtstag in den Himmel."

Wir feiern also den Sterbetag der Heiligen und damit ihr ganz persönliches Osterfest, den Durchgang vom Tod zum ewigen Leben bei Gott, so wie Jesus an Ostern vom Tod zum Leben gekommen ist.
Nur bei drei Heiligen macht die Kirche eine Ausnahme; da feiern wir auch den Geburtstag für diese Welt: bei Jesus natürlich; bei Maria – ihr Geburtsfest ist am 8. September – und bei Johannes dem Täufer, am 24. Juni.
Das hat seinen Grund nicht nur in der besonderen Heiligkeit dieser Menschen; ihre Geburt hat vielmehr Gottes Heil dem Menschen näher gebracht. Mit ihrem Eintritt in die Welt, ihrem Geburtstag, erfuhr die Menschheit einen heilsgeschichtlichen Neubeginn, auch wenn dies damals in den Neugeborenen Johannes und Maria noch verborgen war, so wie es ja auch verborgen war in dem Kind in der Krippe: Jesus Christus.
Nach dem Verständnis der Heiligen Schrift ist im Anfang bereits das Ganze und seine Vollendung keimhaft grundgelegt. Wenn wir also den irdischen Geburtstag der Heiligen feiern, dann schauen wir auf den Anfang des Heils, das uns Gott bereitet hat.
Den Geburtstag Johannes' des Täufers feiern wir sechs Monate vor dem Geburtsfest Christi, am 24. Juni. Das entspricht dem Wort des Engels Gabriel an Maria bei der Verkündigung: „Auch Elisabet, deine Verwandte, hat noch im Alter einen Sohn empfangen; sie ist jetzt schon im sechsten Monat und galt doch als unfruchtbar."
Die Einführung des Geburtsfestes Johannes' des Täufers in den Kalender der Kirche ist von Anfang an mit der im christlichen Altertum allgemein verbreiteten Überzeugung verbunden, daß Johannes bereits im Mutterschoß von der Erbsünde befreit wurde – gründend in dem Wort aus dem Lukasevangelium: „Schon im Mutterleib wird er vom Heiligen Geist erfüllt sein." Für die Christen galt von Anfang an: In der Person des Johannes leuchtet das Heil Gottes auf.
Und es besteht noch ein tieferer, gleichsam kosmischer Sinnzusammenhang: Am 21. Juni ist der Tag der Sommersonnenwende. Zu diesem Zeitpunkt im Jahr – wenn die Mittagshöhe der Sonne ihren höchsten Punkt erreicht hat, soll das Geburtsfest des Johannes auf Christus, das helle Licht, hinweisen. So wie auch Zacharias, der Vater des Johannes, am Tag der Geburt seines Sohnes sang: „Und du, Kind, wirst Prophet des Höchsten heißen; denn du wirst dem Herrn vorangehen und ihm den Weg bereiten ... Durch die barmherzige

Liebe unseres Gottes wird uns besuchen das aufstrahlende Licht aus der Höhe, um allen zu leuchten, die in Finsternis sitzen und im Schatten des Todes, und unsre Schritte zu lenken auf den Weg des Friedens“ (Lk 1,76. 78 f).

Von der Sommersonnenwende an werden die Tage dann wieder kürzer; darin sah Augustinus eine kosmische Bestätigung für das Johanneswort: „Dieser Jesus muß wachsen, ich aber geringer werden.“

Ein halbes Jahr später, am Fest der Geburt Jesu, drei Tage nach der Wintersonnenwende, werden die Tage wieder zunehmen, und die Dunkelheit nimmt ab.

Auch hier erschließt uns die Schöpfung den Sinn des Festes. Wenn die Sünde, die die Heilige Schrift mit dem Dunkel vergleicht, ihren Höhepunkt erreicht hat, erscheint Christus, das wahre Licht, um sie hinwegzunehmen. So wird am Geburtsfest Johannes' des Täufers und auch gerade im Advent, wo uns seine Gestalt vor Augen geführt wird, der Anfang des Heils sichtbar, das uns in Jesus Christus endgültig offenbar wurde.

Wir haben auf Johannes, den Wegbereiter Jesu, geschaut. Dieser Anfang des Heils wird noch in einer anderen Heiligen sichtbar, in Maria, der Mutter Jesu.

Wie bei Johannes feiern wir auch ihren Geburtstag für diese Welt – am 8. September.

Wie er gehört sie zu den Personen der Heilsgeschichte, die uns in der Adventszeit nahegebracht werden.

„Advent“ – so Kardinal Ratzinger – „ist in der Liturgie der Kirche marianische Zeit; die Zeit, in der Maria dem Erlöser der Welt in ihrem Schoß Raum gegeben hat, die Erwartung und Hoffnung der Menschheit in sich trug.“ Maria, die Gestalt des adventlichen Wartens und Hoffens. In ihrer Geistes- und Glaubenshaltung sollen auch wir dem Herrn entgegengehen.

Über das Jetzt und Heute hinausblickend, können wir sagen, daß wir im Advent des kommenden dritten Jahrtausends stehen; nur noch wenige Jahre bis zum Jahr 2000.

Schon heute werden Vorbereitungen getroffen für den Anbruch eines neuen Zeitalters. Für viele, die es erleben dürfen, die sich ausrechnen, wie alt sie dann sind, ein großes Ereignis der Weltgeschichte; für an Christus Glaubende die Wiederkunft des zweitausendjährigen Jubiläums seiner Geburt.

Papst Johannes Paul II. hat im Hinblick auf dieses kommende Ereignis eine Enzyklika – eine kirchliche Verlautbarung – geschrieben, deren Grundanliegen es ist, „den Advent des Jahres 2000 einzuleiten". „Mater Redemptoris" – Mutter des Erlösers – heißt der Titel dieses Rundschreibens, das an die gesamte katholische Kirche gerichtet ist.

Daß dieses Schreiben des Papstes 1987 erschienen ist, hat einen tiefen Sinn: „Auch wenn es nicht möglich ist", so schreibt der Papst, „einen genauen Zeitpunkt für das Datum der Geburt Christi festzustellen, mit dem die neue Zeitrechnung begann, so ist die Kirche sich doch stets bewußt, daß Maria *vor* Christus am Horizont der Heilsgeschichte erschienen ist". Daß sie als Tochter jüdischer Eltern geboren wurde, daß sie als junges Mädchen mit Josef verlobt war und in dieser Zeit – vielleicht mit 16, 17 Jahren – Jesus gebar. Wenn wir von diesem Datum seiner Geburt soviel Jahre zurückrechnen, dann sind es vielleicht heute 2000 Jahre, daß Maria geboren wurde. Doch es geht dem Papst nicht um exakte Datierung, sondern um den Hinweis, daß Maria als „Morgenröte", wie die Lauretanische Litanei sie nennt, dem Aufgang der Sonne, der Sonne der Gerechtigkeit – Christus – vorangegangen ist. An diese ihre Anwesenheit, schon vor der Ankunft Christi, erinnern wir uns jedes Jahr in der Adventsliturgie.

Bei uns Christen im Westen beginnt das Kirchenjahr mit dem ersten Advent. Aber die orthodoxen Christen beginnen das Kirchenjahr im September. Ihr erstes größeres Fest ist Mariä Geburt. So erscheint Maria wirklich als Anbeginn des Heiles.

An ihrem Geburtstag feiern die Christen den Anfang der Erlösung. Wie tief die östliche Liturgie die Heilsbedeutung der Geburt Mariens erkennt, ersehen wir aus dem byzantinischen Lobpreis, den man ihr zu Ehren singt:

„Freue Dich, Maria, Anfang des Heiles.
Deine Geburt hat Freude angekündigt der ganzen Welt.
Denn aus Dir ging auf die Sonne der Gerechtigkeit, Christus, unser Gott.
Er hob den Fluch auf und brachte den Segen;
er nahm dem Tod die Macht, und uns schenkte er ewiges Leben.
Durch Deine Geburt, Maria, hast Du Adam und Eva von der Verwesung des Todes bewahrt."

Die Ikonenmaler in Rußland haben dieses Gedenken an Maria, den Anfang des Heiles, in ihren Kirchen an entscheidender Stelle verewigt. In fast jeder orthodoxen Kirche befindet sich die Ikonostase, eine große, prächtige Bilderwand. Sie trennt die Kirche in zwei Räume ab: das Pro-fanum, das sich vor der Ikonenwand befindet, wo die Gläubigen beten, und den Altarraum; dort werden die heiligen Mysterien gefeiert, und dieser Bereich darf nur von den Priestern betreten werden.

Auf der Ikonenwand befindet sich für die Gläubigen gut sichtbar die Reihe der 12 Festtagsikonen. Die erste Darstellung ist eine Marienikone; sie zeigt die Geburt der Gottesmutter. Schaut man von dort zur Mitte der Ikonostase, wird man einer Tür gewahr, die vom Priester während des Gottesdienstes mehrmals feierlich durchschritten wird und sich die königliche Pforte nennt. Diese Tür gewährt Zutritt zum Altar, auf dem das göttliche Wort im eucharistischen Opfer immerfort die Erde betritt und in die Geschöpflichkeit der Materie von Brot und Wein eingeht. Auf dieser Tür ist die Ikone der Verkündigung des Engels an Maria zu sehen, die bildliche Darstellung des Lukasevangeliums, wo es heißt: „Maria, du hast bei Gott Gnade gefunden. Du wirst ein Kind empfangen, einen Sohn wirst du gebären; dem sollst du den Namen Jesus geben“ (Lk 1,30 f). So erscheint Maria den Gläubigen als das Tor zum Leben, durch das Gott eingetreten ist in diese Welt; sie ist der Anfang des Heils. So tief wurde das von den Menschen verstanden, daß es in Rußland früher üblich war, am 25. März, dem Fest der Verkündigung des Herrn an Maria, gefangenen Vögeln die Freiheit zu geben. Das tat man eben aus diesem Glauben, daß sich ja die ganze Schöpfung erneuerte, als das Wort Gottes herabstieg in den Schoß der Jungfrau.

Im Westen hat sich die Tradition herausgebildet, täglich am Morgen, Mittag und Abend dieser Menschwerdung Gottes im Gebet des „Angelus“, dem „Engel des Herrn“, zu gedenken.

In vielen Gegenden läuten auch die Glocken dazu als Erinnerung an diese Sternstunde der Menschheit, den Anfang des Heils, der mit der Geburt Mariens begann.

So wird in der Adventszeit, im Blick auf Johannes und Maria, den beiden großen Personen der Heilsgeschichte, der Anfang des Heils offenbar.

Jesaja und die Wurzel Jesse

Zu den „Heiligen des Alten Bundes" gehört u.a. der Prophet Jesaja. In der Adventszeit wird uns seine Botschaft nicht nur in den Lesungen der Meßfeier verkündet, sondern auch im Stundengebet der Kirche; in den Lesungen der Lesehore, wie zum Beispiel als häufig wiederkehrende Kurzlesung in den Laudes:

> Aus dem Baumstumpf Isais wächst ein Reis hervor, ein junger Trieb aus seinen Wurzeln bringt Frucht. Der Geist des Herrn läßt sich nieder auf ihm: der Geist der Weisheit und der Einsicht, der Geist des Rates und der Stärke, der Geist der Erkenntnis und der Gottesfurcht (Jes 11,1 f).

Um dem bedrohten Volk Israel Mut zu machen, prophezeit Jesaja im Auftrag Gottes, daß aus dem Königshaus Davids ein neuer Sproß hervorgehen wird: „Aus dem Baumstumpf Isais wächst ein Reis hervor, ein junger Trieb aus seinen Wurzeln bringt Frucht."

Von diesem königlichen Sproß werden so große Dinge gesagt, daß sie bei den Menschlichkeiten der Herrscher Israels nie ganz der Wirklichkeit entsprachen. Im Volk Israel führte diese Botschaft zu immer größerer Hoffnung auf einen König, der ganz Gottes Willen entspreche. In Israel wuchs die Hoffnung auf den Messias als Überbieter all seiner bisherigen Könige.

In der christlichen Kunst hat sich diese Botschaft in einem Bild manifestiert – in der Darstellung der Wurzel Jesse!

Da wächst aus dem schlafenden Jesse in großen Ranken ein Baum hervor. Im Zentrum des Wurzelstocks thronen der Herr und seine Mutter. Aus Isais Stumpf erblüht der königliche Messias als Sohn der Jungfrau Maria. So hat man schon früh die Weissagung des Jesaja auf Maria gedeutet.

Diese Deutung ist uns im alten Weihnachtslied vertraut: „Es ist ein Ros' entsprungen aus einer Wurzel zart, wie uns die Alten sungen, von Jesse kam die Art ... Das Röslein, das ich meine, davon Jesaja sagt, ist Maria, die Reine ...“ (vgl. GL 132).

Die Wüste lebt – Eine Betrachtung

Für viele Reisebüros ist die Wüste interessant geworden. Mehr und mehr Touristen buchen eine Wüstentour, beteiligen sich an einer Fahrt durch Wüstenlandschaften, sei es die Wüste Negev, Gobi oder die Sahara.

Die Wüste erleben, heißt es in einem Prospekt eines Reisebüros. Was einen zunächst abschreckt – Sand, Einöde, Hitze, Trockenheit, Durst – wird auf einmal zur Attraktion. Warum immer mehr Leute so etwas tun?

Ein Theologieprofessor, der jedes Jahr mit seinen Studenten in den Semesterferien für einige Wochen in die Wüste fährt, sagt: „Der Mensch bedarf eines Kontrastes zum üblichen Leben, zu Wohlstand und Reichtum. In der Wüste kann man nur einfach, nicht luxuriös leben. Wir brauchen solche Korrekturen, damit die Maßstäbe unseres Lebens wieder stimmig werden.“ Ich frage mich: War das nicht auch das Anliegen Johannes' des Täufers? Er ruft die Menschen in die Wüste. Er weiß, daß dies ein „wüster“ Ort ist, zugleich aber auch ein Ort des Lebens; ein Raum der Besinnung und der Gottesbegegnung.

In der Wüste hat das Volk Israel seine großen Gotteserfahrungen gemacht, ist es zu einem großen Volk zusammengewachsen; in der Wüste hat Gott große Zeichen und Wunder gewirkt. In der Wüste wurden den Israeliten mit den Zehn Geboten Maßstäbe für ein Leben in Fülle gegeben; in der Wüste haben sich die Gottesmänner Mose und Elija auf ihre Sendung vorbereitet; in der Wüste wurde auch der Messias erwartet. Die Wüste ist für Johannes der geeignete Ort, die Menschen wieder mit Gott in Verbindung zu bringen; deshalb zieht er an den Fluß Jordan – ein Sinnbild des Lebens mitten in der Wüste – und predigt und tauft.

Ob uns so eine Wüstenerfahrung, die uns Gott näher bringt, nicht auch guttäte? Dazu braucht aber keiner von uns eine Wüstentour zu buchen, wir brauchen nur ganz ehrlich unser eigenes Leben zu

betrachten. Denn das ist bestimmt nicht immer Leben und Fülle, einer Oase vergleichbar, sondern oft genug grauer Alltag, Streß, Einsamkeit oder auch bedrückende Langeweile; unser Leben ist oft wüst und leer. Für viele ist die Welt eine Wüste, weil der berufliche Ärger sie freudlos macht und austrocknet oder die Aussichtslosigkeit im Hinblick auf einen Arbeitsplatz sie ermüdet. Und wo nur noch das Ich zum Maßstab des Handelns wird, der Mitmensch und Gott übersehen werden, ist da die Welt nicht schon zur Wüste geworden?
Wenn wir so nachdenken, spüren wir, wir müssen gar nicht in die Wüste gehen, die Wüste hat uns eingeholt, die Wüste ist in uns. Aber damit sind wir auch ein möglicher Ort der Gottesbegegnung! Diese Welt, ja wir selbst sind es, die Gott herausführen will aus aller Enge, aus aller Trockenheit in sein „gelobtes Land". Er hat es ja schon getan, indem uns sein Sohn durch Tod und Auferstehung gerettet hat, indem er uns herausgeführt hat aus der Sinnlosigkeit des Todes und wir seit unserer Taufe Anteil an seinem göttlichen Leben haben und unterwegs sind zu ihm. Wir gehen ihm entgegen, mehr noch: Er kommt auf uns zu. Gott ist im Kommen! Das machen uns die Tage des Advents wieder bewußt. Wie er vor fast 2000 Jahren gekommen ist als Mensch unter Menschen, so will er auch heute ankommen in unseren Herzen, in unseren aufgescheuchten Seelen, wo es oft wüst und leer ist. Er kann aber nur ankommen, wenn wir offen sind, wenn wir unseren Durst wachsen und von ihm stillen lassen. Unser wüstes Leben wird zur Oase, wenn wir ihm in unserem Leben Raum geben.
Was sollen wir tun?, so fragten die Menschen einst Johannes. Was sollen wir tun?, so fragen auch wir. Johannes der Täufer gibt uns zur Antwort: „Bereitet dem Herrn den Weg. Ebnet ihm die Straße!" Das heißt: Schaff aus dem Weg, was hinderlich ist zwischen dir und Gott, zwischen dem Sinn des Lebens und deiner konkreten Wüstensituation. Wegbereitung im Sinn des Johannes, das könnte heißen: Leg endlich diese alte Streitigkeit bei, die du mit deinem Mitmenschen hast; mache den ersten Schritt, führe ein klärendes Gespräch, um endlich diese Verstimmung zu beseitigen, den Streit aus dem Weg zu räumen.
Wegbereitung könnte sicher auch bedeuten: Nimm dir eine Stunde Zeit, in der du zur Besinnung kommst, hier in der Kirche oder auch still zu Hause. Lies einmal in der Heiligen Schrift, wo von Jesu

Geburt erzählt wird, oder betrachte in Ruhe ein schönes Weihnachtsbild. Oder: Wie wäre es, wenn du dich in einem guten Beichtgespräch von ihm selbst von der Last der Sünde befreien läßt?
Das alles ist Wegbereitung, das ist Straßenbau in der Wüste unseres Lebens; das ist der Weg, auf dem Er kommen kann.
Lassen wir ab von krummen Wegen, und suchen wir ihn neu. Einiges können wir selbst dabei tun. Es wird uns mehr und mehr gelingen, wenn Gott in unserer augenblicklichen Situation gegenwärtig ist, in unserer Wüste, in unserem Geknechtetsein.
Deshalb feiern wir Gottesdienst, wo Gott in Christus zuerst an uns handelt; wo wir gar nicht so sehr selbst etwas tun müssen, wo vielmehr er rettend, heilend auf uns zukommt und sich in dieser Speise, die er selbst ist, uns aushändigt. Ergreifen wir ihn neu, und lassen wir uns von ihm ergreifen.

Die Werktage im Advent

Für die Wochentage im Advent gibt es zwei Lesungs-Reihen: eine für die Tage vom Beginn des Advents bis zum 16. Dezember, eine für die Tage vom 17. bis zum 24. Dezember.
„Im ersten Abschnitt des Advents wird Jesaja in der Reihenfolge des Buches gelesen, wobei wichtige Texte, die auch an Sonntagen vorkommen, nicht ausgelassen werden“ (PEM 94).

Erste Adventswoche:

Montag (Jes 2,1-5): Der Herr ruft alle Völker zusammen in den ewigen Frieden seines Reiches.	Ps 122	Mt 8,5-11
Dienstag (Jes 11,1-10): Der Geist des Herrn ruht auf dem Messias als dem König des Friedens.	Ps 72	Lk 10,21-24
Mittwoch (Jes 25,6-10a): Der Herr bereitet für alle Völker ein Festmahl und schenkt Leidenden und Sterbenden Hoffnung.	Ps 23	Mt 15,29-37

Donnerstag (Jes 26,1-6): Der Herr gibt seinem Volk Ruhe, Frieden und Sicherheit.	Ps 118	Mt 7,21.24-27
Freitag (Jes 29,17-24): Der Herr bringt Licht und Heil für die Blinden und alle Notleidenden.	Ps 27	Mt 9,27-31
Samstag (Jes 30,19-21.23-26): Der Herr bringt Hilfe und Licht für sein Volk.	Ps 147	Mt 9,35-10,1.6-8

Zweite Adventswoche:

Montag (Jes 35,1-10): Der Herr bringt Heilung den Mutlosen und den Blinden, Tauben, Lahmen und Stummen.	Ps 85	Lk 5,17-26
Dienstag (Jes 40,1-11): Der Herr als Hirte seines Volkes läßt Trost und Vergebung verkünden.	Ps 96	Mt 18,12-14
Mittwoch (Jes 40,25-31): Der Herr schenkt den Erschöpften Kraft.	Ps 103	Mt 11,28-30

Die Evangelien dieser Tage sind auf die erste Lesung abgestimmt.[16]

„Am Donnerstag der 2. Adventswoche beginnen die Evangelien über Johannes den Täufer. Die Erste Lesung ist eine Fortsetzung von Jesaja oder ein Text, der einen Bezug zum Evangelium aufweist" (PEM 94).

Donnerstag: Jes 41,13-20	Ps 145	(Mt 11,7b.11-15): Die Bedeutung Johannes' des Täufers: Der Größte in der Zeit vor Jesus – der wiedergekommene Elija
Freitag: Jes 48,17-19	Ps 1	(Mt 11,16-19): Johannes, der Asket
Samstag: Sir 48,1-4; 9-11	Ps 80	(Mt 17,9a.10-13): Johannes, der wiedergekommene Elija

16 Zitiert nach: Elmar Nübold, Reich ausgestaltet. Die Schriftlesungen für die Werktagsmessen der Adventszeit, in: Gottesdienst 23 (1990), S. 180 f.

Dritte Adventswoche:

Montag: Num 24,2-7; 15-17a	Ps 25	(Mt 21,23-27): Die Taufe des Johannes – vom Himmel oder von den Menschen?
Dienstag: Zef 3,1-2.9.13	Ps 34	(Mt 21,28-32): Die Botschaft des Johannes – von Sündern angenommen
Mittwoch: Jes 45	Ps 85	(Lk 7,18b-23): Die Frage des Johannes an Jesus: „Bist du der, der kommen soll?“ (V. 19)
Donnerstag: Jes 54	Ps 30	(Lk 7,24-30): Johannes der Täufer – mehr als ein Prophet, der Wegbereiter des Messias
Freitag: Jes 56	Ps 67	(Joh 5,33-36): Johannes der Täufer – Zeuge der Wahrheit – „Die Lampe, die brennt und leuchtet“ (V. 35)

„Die Wochentage vom 17. bis 24. Dezember sind unmittelbar auf die Vorbereitung von Weihnachten hingeordnet“ (GOK 42).
Jedem Tag in dieser Zeit wird ein eigenes Formular (Proprium) zugeordnet, das nur durch die Sonntagsordnung verdrängt werden kann. „Die Wochentage des Advents vom 17. bis 24. Dezember einschließlich ... gehen allen gebotenen Gedenktagen vor“ (GOK 16b).
Von nun an haben alle Tage dem Monatsdatum entsprechende eigene Texte, zur Meßfeier wie zum Stundengebet. Inhaltlich stehen diese Tage ganz im Zeichen der Vorbereitung auf Weihnachten. „Denn schon leuchtet auf der Tag der Erlösung, und nahe ist die Zeit unseres Heiles, da der Retter kommt, unser Herr Jesus Christus“, heißt es in der Präfation V (MB 362), die für die letzten Tage im Advent verzeichnet ist.
In den Gebeten tritt das Geheimnis der Menschwerdung immer stärker in den Vordergrund (vgl. z.B. die Tagesoration am 19. Dezember).

Im Stundengebet haben Laudes und Vesper jeweils ein vollständiges Eigenformular; im Invitatorium dieser Tage heißt es nun: „*Der Herr ist nahe*; kommt, wir beten ihn an!"
„In den letzten Wochen vor Weihnachten werden aus Matthäus (1. Kapitel) und Lukas (1. Kapitel) die Begebenheiten verkündet, die der Geburt des Herrn unmittelbar vorausgingen. Für die Erste Lesung sind mit Bezug auf das Evangelium Texte aus verschiedenen Büchern des Alten Testaments ausgewählt, u.a. einige bedeutsame Weissagungen" (PEM 94).

17. Dezember – Der Jakobssegen: „Nie weicht von Juda das Zepter" (Gen 49,1-2.8-10) – Der Stammbaum Jesu Christi, des Sohnes Davids (Mt 1,1-17).
18. Dezember – Ein gerechter Sproß David (Jer 23,5-8) – Der Auftrag an Josef, den Sohn Davids, Maria zu sich zu nehmen (Mt 1,18-24).
19. Dezember – Die Ankündigung der Geburt Simsons (Ri 13,2-7.24-25a) – Die Ankündigung der Geburt Johannes' des Täufers (Lk 1,5-25).
20. Dezember – „Seht, die Jungfrau wird ein Kind empfangen ..." (Jes 7,10-14) – Die Ankündigung der Geburt des Herrn an Maria (Lk 1,26-38).
21. Dezember – Ein Text aus dem Hohenlied (2,8-14) oder die Zefanja-Weissagung (3,14-17): „Der Herr ist in deiner Mitte" – Die Begegnung zwischen Maria und Elisabet: „Wer bin ich, daß die Mutter meines Herrn zu mir kommt?" (Lk 1,39-45).
22. Dezember – Dank Hannas an den Herrn für die Geburt Samuels (1 Sam 1,24-28 und der Antwortpsalm 1 Sam 2 in Auswahl) – Der Lobpreis Mariens, das Magnificat (Lk 1,46-56).
23. Dezember – Gott sendet den Elija, um den Tag des Herrn anzukündigen (Mal 3,1-4.23-24) – Die Geburt Johannes' des Täufers (Lk 1,57-66).
24. Dezember – Natans Weissagung an David (2 Sam 7,1-5.8b-12.14a.16) – Der Lobpreis des Zacharias: „... er hat uns einen starken Retter erweckt im Hause seines Knechtes David" (Lk 1,67-79).[17]

17 Vgl. Nübold, aaO, S. 181.

Eine liturgische Bereicherung haben die Werktage des Advents in der Zeit vom 17. bis 23. Dezember weiterhin erfahren, indem die O-Antiphonen des Stundengebetes (Magnificat-Antiphonen) als Halleluja-Verse zur Meßfeier eingesetzt sind. Jede Antiphon beginnt mit dem Ausruf, dem vokativen „O“, und verbindet jeweils eine preisende Anrede des erwarteten Messias mit einer Bitte um sein heilbringendes Kommen.

„Die O-Antiphon wendet sich an Christus, in dem die Sehnsucht des gesamten Kosmos von Anfang an und im besonderen ihre Erfüllung findet“ (E. Jaschinski).

Es folgt der Ruf „Veni – Komm, o Herr“, der die abschließende adventliche Bitte einleitet:

„O Weisheit aus des Höchsten Mund,	Sapientia
O Adonai, du starker Gott,	**A**donai
O Wurzel Jesse, Jesu Christ,	**R**adix Iesse
O Schlüssel Davids,	**C**lavis David
O Aufgang, Glanz der Ewigkeit,	**O**riens
O König, Sehnsucht aller Welt,	**R**ex gentium
du Eckstein, der sie eint und hält:	
O komm zu uns, O Herrscher mild,	
und rette uns, dein Ebenbild.	
O ‚Gott mit uns – Immanuel‘,	**E**mmanuel
du Fürst des Hauses Israel,	
O Hoffnung aller Völker du:	
Komm, führ uns deinem Frieden zu.	
Herr, wir vertrauen auf dein Wort;	
es wirkt durch alle Zeiten fort,	
erlöse uns, du bist getreu,	
komm, schaffe Erd und Himmel neu.“	

(vgl. GL 112)

Schaut man am letzten Tag vor Weihnachten nochmals zurück, so offenbart sich in den Rufen verborgen auch schon die Antwort. Liest man nämlich die Anfangsbuchstaben der ersten Wörter der sieben Antiphonen rückwärts der Reihe nach, dann stehen vor uns die Buchstaben:

ERO CRAS – „Morgen werde ich dasein“.

Im Gotteslob sind die O-Antiphonen in eine Liedform gebracht (s. oben).[18] Es bietet sich an, die jeweils zum Tag passende Antiphon, d.h. Strophe, zu singen. Dabei leitet Strophe eins die Antiphon ein, und Strophe neun schließt sie ab.
Falls die Melodie unbekannt ist, läßt sich das Lied auch nach der Melodie „Gott, heilger Schöpfer aller Stern" (GL 116) singen.
Zum Halleluja kann man auch das dorische Halleluja (GL 530.1) singen und als Zwischenvers die jeweilige O-Antiphon; gegebenenfalls nach der Melodie „O Heiland, reiß die Himmel auf" (GL 105).

Adventspsalmen

Neben dem Wochenpsalter und den ausgewählten Psalmen für die Tagzeitenliturgie gibt es im römischen Stundengebet auch einen Festpsalter. Die spezifische Auswahl der Psalmen wurde bei den Festpsalmen Grundsatz. Es liegt auf der Hand, daß eine umfangreiche Verwendung der Psalmen für den Gottesdienst der Christen nur möglich war, wenn ihr eine starke Loslösung vom Verbalsinn den Weg frei machte. Die Möglichkeit beruht auf einem weitgehend christologischen Verständnis der Psalmen. Die Auffassung, das ganze Alte Testament sei eine Vorausschau auf das Neue und der Neue Bund die Erfüllung des Alten Bundes, ist von der christlichen Kirche fast allgemein übernommen worden. Die alten Schrifterklärer der Kirche gehen so weit, daß sie in den Sätzen des Psalmes sozusagen methodisch nach der neutestamentlichen Stimme suchen: Der Psalm als „Stimme des Vaters" (vox patris), als „Stimme Christi" (vox Christi), als „Stimme der Kirche" (vox Ecclesiae). Mit einer solchen Theologie wurde der Psalter zu einem christlichen Liederbuch und seine Verwendung im weiten Umfang ermöglicht. Was die Deutungsmethode angeht, treten die Liturgen in die Fußstapfen der Kirchenväter. Doch gehen sie noch weiter. Für den Liturgen dient der Psalm der künstlerisch-glanzvollen Gestaltung des Gottesdienstes, aus dem der Festgegenstand hervorleuchtet, weniger der Schrifterklärung. Es ist das wesentliche Ziel der liturgischen Kunst,

18 Vgl. auch die Andacht im Advent (GL 772), die die großen Antiphonen zum Inhalt hat.

die Idee auszudrücken, meist ein Festgedächtnis wie in einem Bild zu erfassen. Diesem Zweck können auch die Psalmen dienen.[19]

Psalm 80 – „Erwecke deine Macht und komm"

Ein großer Adventspsalm ist der Psalm 80.[20] Im Stundengebet begegnet Psalm 80,2-3 als Antwortgesang der Vesper an den Werktagen von Montag bis Samstag im Advent.

Der du auf den Kerubim thronst, erscheine.
Erwecke deine Macht und komm.
Laß dein Angesicht leuchten, dann ist uns
geholfen. Erwecke deine Macht und komm.

Der flehentliche Ruf: „Komm" ist der Auswahlgrund für die liturgische Verwendung; ein Motiv, das in verschiedenen Orationen aufgegriffen wird, z.B. am Donnerstag der ersten Adventswoche.

Biete auf deine Macht, Herr, unser Gott,
und komm.
Eile uns zu Hilfe mit göttlicher Kraft,
damit durch dein gnädiges Erbarmen
bald das Heil kommt,
das unsere Sünden noch aufhalten.
Darum bitten wir durch Jesus Christus.

In einem dreimaligen Flehen ruft das gedemütigte Volk Israel zu seinem Gott, er möge wieder auf sein Volk schauen und von seinem Zorngericht ablassen.

„Gott der Heerscharen, richte uns wieder auf!
Laß dein Angesicht leuchten,
dann ist uns geholfen" (VV. 4, 8, 20).

19 Vgl. Franz-Rudolf Weinert, Christi Himmelfahrt. Neutestamentliches Fest im Spiegel alttestamentlicher Psalmen. Zur Entstehung des römischen Himmelfahrtsoffiziums, St. Ottilien 1987, S. 27 f.

20 Der Psalm ist im Graduale Romanum am 2. Advent als Introitus zusammen mit Jes 30,19 u. 30 verzeichnet.

Gott möge wieder die Zeit von einst kommen lassen, als er dem Land Kanaan Glanz und Größe unter den ersten Königen schenkte; als das Reich seine Grenzen vom Mittelmeer bis zum Euphrat hin ausdehnte (vgl. VV. 9-11). Israel wird verglichen mit einem Weinstock, den der Winzer sorgsam pflegt, mit einer Mauer umgibt und vor den wilden Tieren schützt (vgl. VV. 8-9, 11). Die ehemals Verirrten und nun Zurückgefundenen rufen nach einer neuen Epiphanie ihres Gott-Hirten. Sie flehen um sein Erscheinen, wie es ihnen in der Wüste geschenkt worden war, wenn beim Aufbruch die Bundeslade (vgl. V. 2b) sich vor ihnen erhob und über den ausgebreiteten Flügeln der Cherube der unsichtbare Gott aufleuchtete. Noch einmal möchte sich das Volk Gott so nahe wissen wie einst die Väter auf dem Wüstenzug; sie möchten ein Zeichen der Gottesgegenwart schauen, wie einst die Stämme Ephraim, Benjamin und Manasse, die als erste der Bundeslade folgten. „Zeige uns dein Angesicht", das ist im Grunde das einzige Anliegen der Beter: die Sehnsucht nach dem Antlitz Gottes, nach der ursprünglichen Gemeinschaft mit ihrem Schöpfer- und Erlösergott. Diese Sehnsucht macht Psalm 80 zum Adventsgebet.

Für die an Christus Glaubenden hat sich diese Sehnsucht erfüllt. In der Fülle der Zeit schenkte Gott der ganzen Menschheit seine rettende Epiphanie, seinen Sohn Jesus Christus. Er ist das Antlitz, das Ebenbild des unsichtbaren Gottes. „Zeig uns dein Antlitz, und wir werden gerettet" ist dann an Gott Vater selbst gesprochen, als die Bitte um die Epiphanie seines Wesens.

Derselbe Logos, so ist die Aussage der Kirchenväter, der als Abglanz des Vaters auf dem Cherubenthron sitzt, hat sich zu der Not der Menschen herabgelassen, indem er Fleisch annahm.

„Deine Hand schütze den Mann zu deiner Rechten, den Menschensohn, den du für dich groß und stark gemacht", ist noch einmal die Vergegenwärtigung der Bitte um die Fleischwerdung des Logos, um sein Aufleuchten in dem Menschen Jesus Christus; es ist das Rufen nach dem Antlitz des Vaters in der Gestalt des Sohnes. „Erwecke deine Macht und komm" ist dann schließlich die Bitte um die endgültige Parusie.

Psalm 19A – „Sie tritt aus ihrem Gemach hervor wie ein Bräutigam“

Der Adventshymnus „Veni redemptor gentium“ des heiligen Ambrosius[21] greift Motive aus der „Sonnenstrophe“ des Psalm 19 auf. Man vergleiche besonders die vierte Strophe des Hymnus mit den Versen 5-7.

1. Die Himmel rühmen die Herrlichkeit Gottes,
vom Werk seiner Hände kündet das Firmament.

2. Ein Tag sagt es dem andern,
eine Nacht tut es der andern kund,

3. ohne Worte und ohne Reden,
unhörbar bleibt ihre Stimme.

4. Doch ihre Botschaft geht in die ganze Welt hinaus,
ihre Kunde bis zu den Enden der Erde.

5. Dort hat er der Sonne ein Zelt gebaut.
Sie tritt aus ihrem Gemach hervor wie ein Bräutigam,

6. sie frohlockt wie ein Held
und läuft ihre Bahn.

7. Am einen Ende des Himmels geht sie auf
und läuft bis ans andere Ende;
nichts kann sich vor ihrer Glut verbergen.
(GL 713)

Veni, redémptor géntium,
osténde partum Vírginis;
mirétur omne sǽculum:
talis decet partus Deum.

Non ex viríli sémine,
sed m stico spirámine
Verbum Dei fact*um* est caro
fructúsque ventris flóruit.

21 Der ambrosianische Hymnus ist im Gotteslob unter Nr. 108 verzeichnet: „Komm, du Heiland aller Welt“.

Alvus tuméscit Vírginis,
claustrum pudóris pérmanet,
vexílla virtútum micant,
versátur in templo Deus.

Procédat e *thála*mo suo,
pudóris aula régia,
*gémi*næ gigas substántiæ
alácris ut currat viam.

Æquális ætérno Patri,
carnis tropǽo cíngere,
infírma nostri córporis,
virtúte firmans pérpeti.

Præsépe iam fulget tuum
luménque nox spirat novum,
quod nulla nox intérpolet
fidéque iugi lúceat.

Sit, Christe, rex piíssime,
tibi Patríque glória
cum Spíritu Paráclito,
in sempitérna sǽcula. Amen.

Der heilige Ambrosius vergleicht in einer Predigt zu Psalm 118 Christus mit dem Bräutigam des Hohenliedes, der „springend über die Berge“ (Hld 2,8) seiner Braut entgegeneilt[22]. „Mit der gleichen Ungeduld, wie sie jugendlicher Liebe eigen ist, hat sich der Sohn Gottes aufgemacht, seiner Braut, der Kirche, entgegen, um das Werk der Erlösung an ihr zu wirken“ (Balthasar Fischer).
Diese adventliche Lesung und der Gedanke der Vermählung des Bräutigams Christus mit seiner Braut, der Kirche, erhält am Weihnachtsfest in zwei Psalmen der Lesehore eine Entsprechung.
„Wie ein Bräutigam tritt der Herr aus seinem Gemach hervor“, lautet dann die Antiphon zu Psalm 19. Bereits Justin der Märtyrer (2. Jh.) kennt die christologische Deutung der Sonnenstrophe in Vers 6. Der Weg der Sonne wird auf Christus, die Sonne der Gerech-

22 Die Stelle aus dem Hohenlied ist Lesungstext in der Meßfeier am 21. Dezember.

tigkeit, bezogen – in seiner Geburt, in seiner Menschwerdung. Das „Zelt“ in V. 6a deutet Justin auf den jungfräulichen Schoß Mariens. Christus ist aus dem Brautgemach hervorgegangen, das heißt aus dem Schoß der Jungfrau Maria. Von der Bildhaftigkeit des Psalms beeinflußt und der Deutung von Vers 6a auf die Geburt Christi aus Maria, setzt in der Folgezeit der theologische Gedankengang ein, der die Menschwerdung als eine Vermählung Gottes mit dem Menschengeschlecht deutet. „Darin hat der Vater dem Königssohn Hochzeit gehalten, daß er ihm im Geheimnis der Menschwerdung die heilige Kirche anvertraut hat. Der Schoß der jungfräulichen Mutter aber war das Brautgemach dieses Bräutigams. So kann man auf ihn anwenden, was der Psalmist sagt: Dem Sonnenball hat Gott sein Zelt gegeben, und wie ein Bräutigam aus seinem Gemach tritt er daraus hervor. Er ist ja wie ein Bräutigam aus seinem Gemach hervorgeschritten, als er als menschgewordener Gott aus dem unversehrten Schoß der Jungfrau hervorging, um sich der Kirche zu vermählen.“[23]

Diese christologisch-inkarnatorische Deutung des Psalms hat einen sichtbaren Niederschlag im Albani-Psalter gefunden: Die Blume in der Hand tragend, die Rechte segnend erhoben, tritt Christus aus einem Gebäude hervor. Das Gesicht an der rechten Seite des Hauses stellt die Sonne dar. Das Bild zeigt den Eintritt Jesu in die Welt. Er hält eine Blume nach oben in Anlehnung an die Jesajaprophetie, die den Erlöser als einen Sproß aus dem Stamm Jesse verheißt.

Illustration zu Psalm 19,5 im Albani-Psalter (12. Jh.). Christus „tritt aus dem Gemach hervor“

23 Gregor der Große, Homilia in Evangelia 38; vgl. Weinert, aaO., S. 86 f.

Psalm 24 – Einzug des Herrn in sein Heiligtum[24]

Illustration zu Psalm 24 im Utrecht-Psalter (9. Jh.)

„Macht hoch die Tür, die Tor macht weit, es kommt der Herr der Herrlichkeit, ein König aller Königreich, ein Heiland aller Welt zugleich, der Heil und Leben mit sich bringt ..."
Dieses bekannte Lied aus der Barockzeit (GL 107) wurzelt in den Psalmen der Bibel und beschreibt die uralte Torliturgie am Tempel von Jerusalem. Die Bundeslade war für die damaligen Gläubigen heilig. In ihr war Gott selbst anwesend. Wo sie stand, wirkte Gottes mächtiger Schutz. Als sie endlich in den Tempel zurückkehrte, entstand ein Türspiel mit vielen Symbolen und geheimnisvollem Sinn. Die begleitenden Priester bitten am Tempeltor um Einlaß. Sie bekennen und verkünden, wer hier einziehen will: „Es kommt der König der Herrlichkeit." Die wachhabenden Tempeldiener aber fragen zurück: „Wer ist der König der Herrlichkeit?" Die Priester vor der Tür bekennen drängender: „Der Herr, stark und gewaltig!" Jetzt werden die Tore und Türen weit geöffnet. Gott zieht in den Tempel ein, nimmt Besitz von ihm und erfüllt ihn mit seinem Glanz.
Aus dem Gefängnis Berlin-Tegel schrieb der evangelische Theologe Dietrich Bonhoeffer, ehe er im April 1945 hingerichtet wurde: „So eine Gefängniszelle ist ein guter Vergleich für die Adventssituation;

24 Der Psalm ist Bestandteil der Adventsvesper im Gotteslob (vgl. GL 122).

man wartet, hofft, tut dies und jenes – letzten Endes Nebensächliches. Die Tür ist verschlossen und kann nur von außen geöffnet werden."
Das ist – so Bonhoeffer – wie Advent: Man ist gefangen, die Tür kann nur einer von außen öffnen. Ein solcher Kerker muß gar nicht aus Mauern bestehen. Auch die Krankheit kann für einen Menschen ein Gefängnis sein, aus dem es keinen Ausweg mehr gibt. Keine Tür jedenfalls, die man aus eigener Kraft öffnen könnte. Es gibt Lebensverhältnisse, denen man nicht entfliehen kann. Der Beruf, eine Ehe, ja die eigene Veranlagung können zum Gefängnis werden.
Bonhoeffer sagt: Auch das kann Advent sein. Keine Möglichkeit mehr erkennen, keine Aus-sicht zu haben, keinen Ausweg zu sehen, es sei denn, daß einer kommt und von außen öffnet.
Man starrt auf die verschlossene Tür und hat nur noch einen Gedanken, einen einzigen Wunsch: Diese Tür möge sich auftun.
Manche Lieder im Advent greifen – für uns eher unbewußt – diese Sehnsucht auf: „O Heiland, reiß die Himmel auf" ... „Reiß ab vom Himmel Tor und Tür, reiß ab, wo Schloß und Riegel für" (GL 105); „Macht hoch die Tür, die Tor macht weit ..." und schließlich die O-Antiphon vom 20. Dezember: „O Schlüssel Davids ..., du öffnest und niemand kann schließen, ... komm und öffne den Kerker der Finsternis und die Fessel des Todes!"

***

Die Heiligenfeste im Advent und ihr Brauchtum

Barbara (4. Dezember)

Die heilige Barbara, deren Gedenktag wir am 4. Dezember feiern, ist neben dem heiligen Nikolaus die volkstümlichste Heilige des Advents. Auch wenn wir wenig über ihr Leben wissen, ist sie in der

Volksfrömmigkeit sehr beliebt. Sie gehört zu den 14 Nothelfern; in Deutschland sind ihr rund 200 Kirchen geweiht. Viele Mädchen und Frauen tragen ihren Namen.
Nach einer Legende lebte Barbara im 4. Jahrhundert in Kleinasien; heute heißt der türkische Ort Ismid.
Die alte Legende zeigt uns Barbara als eine schöne und intelligente Frau. Um sie vor einer frühen Heirat zu bewahren, sperrte sie ihr Vater in einen Turm. Dort lernte sie Christen kennen und ließ sich taufen. Der Vater versuchte mit allen Mitteln, Barbara von ihrem Glauben abzubringen. Von der Eucharistie habe sie die Kraft bekommen, um allen Angriffen standzuhalten, so heißt es. Ihr Vater ließ sie schließlich dem Richter übergeben, und nach grausamen Martern soll sie um das Jahr 306 hingerichtet worden sein.

Seit dem späten Mittelalter kennt man den Brauch der *Barbarazweige*. Am 4. Dezember, dem Gedenktag der heiligen Barbara, werden Forsythien oder Kirschzweige geschnitten, über Nacht in lauwarmes Wasser gelegt und am anderen Tag in eine Vase mit Wasser gestellt, das alle drei Tage zu wechseln ist. An Weihnachten, mitten im Winter, beginnen die Barbarazweige zu blühen.
Dieser Brauch erinnert wiederum an eine Legende: Als Barbara in den Kerker geworfen wurde, verfing sich ihr Kleid in einem Kirschzweig. Sie nahm den Zweig mit, steckte ihn in eine Vase – und er blühte am Tag ihrer Hinrichtung.
Der Brauch steht aber auch im Zusammenhang mit dem ersten Adventssonntag, auf den das Fest der heiligen Barbara unmittelbar folgt. Das Evangelium (Lesejahr A) zitiert ein Gleichnis Jesu: „Lernt etwas aus dem Vergleich mit dem Feigenbaum! Sobald seine Zweige saftig werden und Blätter treiben, wißt ihr, daß der Sommer nahe ist. Genauso sollt ihr erkennen, wenn ihr das alles seht, daß das Ende vor der Tür steht“ (Mt 24,32 f).
Barbarazweige können auch auf den Zweig aus der Wurzel Jesse hinweisen (vgl. Jes 11), der aufblüht in der Weltennacht. Die zur Unzeit, im Winter blühenden Zweige weisen zudem auf die Übernatürlichkeit der Geburt Christi hin.
In der Kunst wird die heilige Barbara (seit dem 15. Jh.) immer wieder mit dem Abendmahlskelch und der Hostie dargestellt, weil ihr, der

Todgeweihten, – so die Legende – ein Engel dieses Sakrament in den Kerker brachte.
Zu allen Zeiten haben Menschen die heilige Barbara im Gebet angerufen, daß sie nicht plötzlich sterben – ohne die Kraft, den Segen dieses heiligen Sakramentes. Barbara wurde zur Sterbepatronin, die man um die Gnade der Wegzehrung in der Todesstunde bittet.
Barbara – mit dem Kelch in der Hand: mit diesem Zeichen rückt sie in unmittelbare Nähe zu Christus, da sie sich – wie Jesus in der Ölbergstunde – dazu durchgerungen hat, den Kelch des bitteren Leidens zu trinken.
Die Attribute der Heiligen, der Turm, die Zweige und der Kelch, sind tiefe Symbole dafür, daß auch in Kälte und Verborgenheit neues Leben erblühen kann – durch den Einen, den dieser Kelch symbolisiert: Jesus Christus. Sein und unser Sterben ist wie ein Geborenwerden, wie das Weihnachtsfest eines neuen Lebens, der Geburtstag in den Himmel.[25]

Nikolaus (6. Dezember)

„Von alters her haben die Fastenzeiten vor den christlichen Hochfesten Weihnachten und Ostern in besonderem Maße der Katechese, der christlichen Unterweisung, gedient. Während die vorösterliche Quadragesima für die Unterweisung der Taufbewerber in den Grundlehren des Glaubens vorgesehen war, nutzte man die Adventszeit zur Unterrichtung der Kinder. In diesem Rahmen kommt dem heiligen Nikolaus eine besondere Bedeutung zu. Nach Ablauf einer bestimmten Vorbereitungszeit im Advent tritt er meist am Vorabend des 6. Dezember auf und überprüft die erworbenen Kenntnisse. Dann belohnt er die Examinierten nach Verdienst oder läßt sie bestrafen."[26]

25 Vgl. Wolfgang Bader (Hg.), Gedanken zum Advent, München/Zürich/Wien 1989, S. 4.

26 Jürgen Küster, Wörterbuch der Feste und Bräuche im Jahreslauf. Eine Einführung in den Festkalender (Herderbücherei 1177), Freiburg 1985, S. 133 f. Vgl. auch das Brauchtum am Fest der Unschuldigen Kinder.

Der Reformator Martin Luther hat sich entschieden gegen den Brauch gewandt, daß Nikolaus schenkend umherzog. Vor allem ging es ihm um den Mißbrauch der Nikolaus-Gestalt auf Bettelumzügen, wo der Bischof als alter Mann mit Krummstab und Mitra, begleitet von polternden Knechten, durch die Straßen zog. Die Kinder sollten sich zu Weihnachten den heiligen Christ vorstellen, ihn jedoch nicht in irgendeiner Vermummung sehen dürfen. Seine Nachfolger verboten sogar diesen Schenkbrauch am Nikolaustag. An die Stelle des Nikolaus trat dann das Christkind, das den Gehalt der Vorweihnachts- und Weihnachtsfeier auf die Heilsgeschichte konzentrieren sollte. (Das Christuskind, so wollte er wohl sagen, ist das eigentliche Geschenk Gottes an uns Menschen. Von ihm her ist es dann sinnvoll, sich aus Liebe ebenfalls Geschenke zu machen.) Es wird berichtet, daß gerade dort, wo die Reformation am ausgeprägtesten war, in Mitteldeutschland, schon zu Luthers Zeiten „Christkinder“ auftraten. Wenn man Bilder vom Christkind sieht, so möchte man meinen, daß es etwas vom Jesuskind und einem Engel hat. Auch viele Weihnachtslieder förderten das Mißverständnis, das Christkind und das Jesuskind seien ein und dieselbe Person. „In Wirklichkeit ist das Bild vom Christkind jedoch von dem Mädchen abgeleitet, das auf den weihnachtlichen Umzügen, als Engel verkleidet und mit offenem Haar, dem vorangetragenen verhüllten Jesuskind folgte.“[27]

Im „Weihnachtsmann“ vermischen sich Züge des Nikolaus und seines Knechtes Ruprecht untrennbar miteinander. Das rührt daher, daß die Anpassung des Bischofs Nikolaus in protestantischen Landesteilen zu einer Umwandlung in die säkularisierte Gestalt Knecht Ruprechts und des Weihnachtsmannes führte, die nach und nach ihre katechetischen Aufgaben verloren.

Statt Nikolaus traten nun eine Vielzahl von Kläusen auf, die offensichtlich aus der Vermischung der Heiligenfigur mit ihren Begleitern entstanden sind. Nikoläuse, die auf Eseln oder Pferden reiten und mit Ruten, Säcken oder Schellen ausgerüstet sind. Die populärste Figur am Ende dieses Verwandlungsprozesses ist der Weihnachtsmann. In einem weiteren Schritt wurde dann der Heilige seiner

27 Dieter Struss, Goldene Weihnacht. Geschichten, Bräuche und Rezepte von Advent bis ins neue Jahr, München 1984, S. 78.

letzten Attribute beraubt, mit Pelzmütze, Wanderstab und Gabensack ausgerüstet und als Weihnachtsmann anstelle des Christkindes eingeführt und populär.

Nikolausspiel mit Kindern

In einer großen Truhe befinden sich die „liturgischen Gewänder" des Bischofs Nikolaus. Mit Hilfe der Kinder werden die Kleidungsstücke ausgepackt, einzelne (Stola, Mitra, Hirtenstab ...) erklärt und vor den Kindern angezogen. Dabei können die Kinder berichten, was sie aus dem Leben des Heiligen wissen, bzw. sie bekommen von ihm erzählt.[28] Gedichte und Lieder werden in Erinnerung an den guten Bischof Nikolaus vorgetragen, bevor dieser die Anwesenden mit Gaben beschenkt.

St. Nikolaus von Myra
(nach der Melodie: Morgenglanz der Ewigkeit, GL 668)

1. Wie der Schein dem Licht voraus,
leuchtet im Advent ein Name:
Du bist es, Sankt Nikolaus;
Glanz der frohen Kindertage.
Gibst uns in der Gnadenzeit dein Geleit.

2. Wunderbar warst du erwählt,
König Christus zu verkünden,
daß die Menschen aller Welt
Hoffnung, Trost und Liebe finden;
glauben, was in Bethlehem ist gescheh'n.

3. Bote der Barmherzigkeit,
allem Unrecht Halt gebietest;
mit dem Mut der Sicherheit
Unheil, Not, ja Tod verhütest.
Felsenfest dein Glaube steht im Gebet.

28 Vgl. Gertrude und Thomas Sartory, Der Heilige Nikolaus – Die Wahrheit der Legende, Freiburg 1981; Zum Vorlesen für Kinder gut geeignet: Emil Probst/Josef Quadflieg, Aus dem Leben des Hl. Nikolaus, Düsseldorf 1965.

4. Über Raum und Zeit hinaus
bringst du Freude auf die Erde.
Mit dir, Bischof Nikolaus,
„Sieg des Volkes Gottes“ werde;
so das Gute unbeirrt mächtig wird.

Nikolaus: gleichbedeutend mit „Sieg des Volkes Gottes“

Luzia (13. Dezember) und Martin (11. November)

Die heilige *Luzia*, die im Römischen Meßkanon des ersten Hochgebetes genannt wird, ist – wie ihr Name sagt – eine Lichtgestalt im Advent (Lucia – lucis via = Weg des Lichtes). Mit ihrem Fest am 13. Dezember verbindet sich mancherlei Brauchtum, das sich besonders im Norden Europas (Schweden) entwickelt hat. In Familien und Schulen, Krankenhäusern und Altenheimen tritt St. Luzia mit einer Lichterkrone auf. Bei kirchlichen Feiern zieht sie mit ihren Gefährtinnen in das dunkle Gotteshaus ein und verkündet vom Altar aus das zur Weihnacht kommende wahre Licht der Welt: Christus.
Anregung zur Praxis: Eine „Sankt-Luzia-Feier“ findet (wegen der Dunkelheit) am Abend oder am Vorabend des 13. Dezember in der Kirche statt; als Wortgottesdienst bzw. innerhalb der Gemeindemesse. Es geht um Verkündigung, nicht um Folklore! Das schließt nicht aus, daß die „heilige Luzia“ außerdem das Altenwohnheim oder eine Krankenstation besucht.[29]
In unseren Breiten ist die Lichtgestalt Sankt *Martin* eher vertraut.[30] Die in Stadt und Land abgehaltenen Martins-Umzüge mit Laternen und Fackeln erfreuen sich großer Beliebtheit.

29 Gute Materialhilfen (Modell eines solchen Adventsgottesdienstes, Lieder, Pfarrbriefvorlagen) bieten das Seelsorgeamt Regensburg (St. Luzia-Feier 1987) sowie Pfarrer Joseph Vink (Liebfrauenstr. 1, 40591 Düsseldorf) – Eine Diaserie über die Heilige, Spielszenen und vieles mehr.

30 Daß der Martinstag ursprünglich mit dem Advent in Verbindung stand, hängt mit der „Quadragesima sancti Martini (vgl. S. 19 f) zusammen. Heute wird am 11.11. (um 11 Uhr 11) offiziell die Vorbereitungszeit der Fastnacht eröffnet. Für diesen Zeitpunkt dürfte neben dem Fest des heiligen Martin – der Beginn des

Der Ursprung der Laternen-Umzüge

Das Ereignis der Mantelteilung von Amiens, von dem schon der erste Hagiograph des heiligen Martin, Sulpicius Severus (um 363-425), berichtet hatte, verband sich seit jeher mit der Verehrung des Bekenners.

Auf diesen Akt der Nächstenliebe, der den Heiligen so populär machte, gehen auch die beliebten Fackelzüge zurück, die man bis heute am Vorabend des Festes abhält.

Nicht die Abwehr böser Geister, sondern das Tagesevangelium vom 11. November gab den Anlaß für die Einführung der Laternenumzüge. Da heißt es: „Niemand zündet ein Licht an und stellt es in ein Versteck oder unter den Scheffel, sondern auf den Leuchter, damit alle, die eintreten, das Licht sehen ..." (Lk 11,33 f). Die Evangelienstelle findet sich bei Lukas, Matthäus und Markus, die das Licht meinen, das die guten Werke beleuchtet: „... daß die Menschen die guten Werke sehen und den Vater im Himmel preisen" (Mt 5,16).

Seit dem 13. Jahrhundert ist diese Perikope im römischen Meßbuch erwähnt und von 1570-1969 verbindlich vorgeschrieben gewesen.

Sie gab den Anlaß für die Einrichtung der Lichterumzüge, die auf das gute Werk des Heiligen verweisen und zur Nachfolge in der Nächstenliebe aufrufen wollte.

***

„Martinsfastens" zog ähnlich wie die große Quadragesima vor Ostern Fastnachtsbräuche an – sicher auch die Zahl 11 gewesen sein. Die Elf als Un-Zahl, die über die Zehn, die Zahl der Fülle und des Dekalogs, um eins hinausschießt, wurde spätestens seit dem Ausgang des Mittelalters mit den Narren in Verbindung gebracht.

Adventliches Brauchtum

Die Rorate-Messen

Bei den Rorate-Messen handelt es sich ursprünglich um Votivmessen zu Ehren der Gottesmutter Maria,[31] die an den Samstagen im Advent ihren Platz hatten, später aber auch an den anderen Werktagen des Advents und heute bis zum 16. Dezember gefeiert werden können.[32]

Die Rorate-Messe hat ihren Namen vom Anfangswort des lateinischen Eröffnungsgesanges „Rorate coeli ...". Ein Charakteristikum dieser Meßfeier war der vielerorts übliche Beginn am frühen Morgen und der nur mit Kerzen beleuchtete Kirchenraum. In einer Zeit, in der sich – gerade auch bei Jugendlichen – Frühschichten steigender Beliebtheit erfreuen, dürfte es nicht schwerfallen, diese Rorate-Messen am Morgen neu zu beleben. Auch die am Abend gefeierte Eucharistie kann als Rorate-Messe gestaltet werden. Dabei ist sicher zu beachten, daß nicht nur bestimmten Personengruppen, sondern allen Gemeindemitgliedern die Teilnahme möglich sein soll.

Das deutsche Meßbuch hält für die Feier einer Rorate-Messe ein eigenes Formular bereit (Marien-Votivmesse im Advent, S. 890-892). Es kann an allen Werktagen des Advent genommen werden, bis mit dem 17. Dezember die unmittelbare Vorbereitung auf das Geburtsfest Christi beginnt mit Meßtexten, die ohnehin stark marianisch geprägt sind.

Wird die Marienmesse im Advent gewählt, empfiehlt es sich dennoch, wegen des typisch adventlichen Angebotes, die Lesungen vom Wochentag zu nehmen. „Entscheidend ist für die Rorate die festliche Gestaltung, wodurch sie sich vor allem von den übrigen Wochentagsmessen unterscheiden sollte. Nur solchen festlich gestalteten Messen sollte man diesen Namen geben. Es können verschiedene Gruppen der Pfarrei eingeladen werden, auf ihre Art zur Gestal-

31 „Engelamt" war der volkstümliche Ausdruck für diese Messe; benannt nach dem früher fast ausschließlich gebrauchten Evangelium von der Verkündigung durch Gabriel.

32 Vgl. AEM 333.

tung der Messe beizutragen: Kinder, Jugendliche, Männer, Frauen, Gebetsgruppen usw. Alle sollen auf ihre Weise mittragen, daß die Rorate erlebnishaft gestaltet wird."[33]
Für die Gottesdienstteilnehmer liegen Kerzen bereit; besser noch: Sie werden von den Gläubigen mitgebracht. Die nur bei Kerzenlicht gefeierte Messe führt zu Besinnung und Gebet.[34]

„Tauet, Himmel, den Gerechten" – Eine Ansprache

„Tauet, Himmel, den Gerechten", so lautet eines der bekanntesten Adventslieder. Tauet, oder Rorate, wie es im Lateinischen heißt, ist ein Wort, das wir oft in der Adventsliturgie hören.[35] Eine seltsame Naturerscheinung, der Tau. Jeder hat ihn schon gesehen und hoffentlich auch gefühlt, den Morgentau nach warmer Sommernacht, die kleinen Tauperlen, die die Natur aufstehen läßt. Tau tut gut. Tau unter bloßen Füßen, das ist kühle, erfrischende Lebendigkeit; die Erde atmet neu! Es gab einmal eine Zeit, da haben Menschen auf den Immanuel, den Gott-mit-uns, gewartet wie auf den Tau vom Himmel. Auf den einen, der Gerechtigkeit und Frieden belebt, der wieder zu neuem Leben verhilft. Zeuge dafür ist der Prophet Jesaja; er gebrauchte schon vor über 2000 Jahren dieses Bild vom Tau: von der Natur, vom Ackerland, von dem, was dem Menschen vertraut war – nimmt er sein Beispiel. Nach langer Trockenheit dürstet die Erde nach Wasser; sie öffnet sich, wenn Tau und Regen fällt und saugt die Feuchtigkeit von oben ein. Dann quillt im Ackerboden der Samen, keimt und sproßt. Die Wüste und der befruchtende Tau, der die Steppe zur Oase macht, waren für Israel Bilder, mit denen es das Kommen Gottes beschrieben hat. Wenn Gott kommt, dann wird die Wüste erblühen, dann wird in der Dürre ein Quell aufbrechen und alles lebendig machen. Der Prophet Jesaja sagt es mit den Worten: „Taut, ihr Himmel, von oben, ihr Wolken, laßt Gerechtigkeit regnen." – und er fügt hinzu: „Die Erde tue sich auf und bringe das Heil hervor ..." (Jes 45,8).

33 Vgl. Hans Hollerweger, Bereitet den Weg. Hilfen zur Gestaltung von Advent und Weihnachten, Regensburg 1983, S. 39 f.

34 Vgl. Udo Leiser/Wolfgang Schwartz, Rorate-Gottesdienste. Frühschichten, Wortgottesdienste, Eucharistiefeiern. Freiburg ^{2}1988, S. 25-76.

35 Vgl. GL Nr. 103; 104; 105, 2; 117, 1; 120, 3 (580, 4; 581, 4).

Ist das auch ein Bild für uns? Ich denke ja. Unser Durst nach Glaube, Liebe, Gerechtigkeit und Frieden, alles, wonach wir ehrlich verlangen, kann gestillt werden in dem Einen, wenn wir uns ihm bei seiner Ankunft gläubig und bereitwillig öffnen; dem lebendigen Gott selbst, der wie Tau und Regen herabströmt.
Darum wird uns im Advent Maria vor Augen gestellt, sie ist das Urbild der Kirche. Sie steht stellvertretend für uns alle und jeden einzelnen. Sie war ganz offen für Gott. Durch ihr Ja öffnete sie der Gnade den Weg. Schon immer hat man deshalb den Vers von Jesaja „Tauct, ihr Himmel“ mit Maria in Verbindung gebracht. Die Rorate-Messen im Advent – in der dunklen Kirche und nur mit Kerzenlicht – sind ja ursprünglich Gottesdienste zu Ehren der Jungfrau Maria.

Der Adventskranz

Wenn die Adventszeit beginnt, geht der „Monat mit Trauerrand“ zu Ende, wie ein Prediger den November einmal nannte. Massiv werden wir im „Sterbemonat“, wie ihn der Volksmund bezeichnet, mit der Endlichkeit unseres Lebens konfrontiert. Öfter als sonst stehen die Menschen an den Gräbern ihrer Verstorbenen (Allerseelen, Volkstrauertag), und auch die Natur zeigt es: Die letzten Blätter fallen von den Bäumen, die Tage werden immer kürzer, um 76 Minuten schrumpft der Tag in diesem Monat. Mitten in diese Zeit der Vergänglichkeit und des Dunkels hinein entzünden evangelische wie katholische Christen das erste Licht am Adventskranz und an den folgenden Sonntagen die weiteren Kerzen.
Der Adventskranz, ein adventliches Symbol aus dem vergangenen Jahrhundert,[36] ist ein gutes Sinnbild für das neubeginnende Jahr der Kirche. Der Kranz, Zeichen der Geschlossenheit, ist mit grünen Tannenzweigen geschmückt. So wird das Kirchenjahr dargestellt als ein Rund, ein grüner Kranz des Lebens, der „Jahreskranz der Güte Gottes“, wie Julius Tyciak das Kirchenjahr nennt.

36 Zur geschichtlichen Entwicklung des Adventskranzes vgl.: Hermann Kirchhoff, Der Adventskranz, in: Ders., Christliches Brauchtum von Advent bis Ostern, München 1984, S. 19-23.

Bei der Segnung des Adventskranzes entschlüsselt ein Jesaja-Wort die Lichtsymbolik der Kerzen auf dem Tannenkreis: „Das Volk, das im Dunkel lebt, sieht ein helles Licht. Über denen, die im Land der Finsternis wohnen, strahlt ein Licht auf“ (Jes 9,1, mögliche Lesung im Rahmen eines Wortgottesdienstes – vgl. Benediktionale S. 26).
Während in der Natur die Dunkelheit wächst – das Tageslicht wird noch kürzer bis zum 21. Dezember, dem Tag der Wintersonnenwende –, nimmt das Licht am Adventskranz Sonntag für Sonntag zu. Der grüne Kranz mit seinen brennenden Kerzen zeigt somit bei der zunehmenden Verringerung des Lichtes draußen das Wachsen des Lichtes der „Übernatur“ an, das Christus-Licht, das am Weihnachtstag in seiner ganzen Fülle aufleuchtet. In einem Gebet heißt es: „Gott, du hast deinen Sohn als Licht in die Welt gesandt. Die Kerzen mögen uns in den Tagen des Advents an Jesus Christus erinnern, der jeden Menschen erleuchten will. Wie wir an jedem Sonntag ein neues Licht am Adventskranz entzünden, so laß uns in der Liebe Christi wachsen. Mache uns bereit für die Feier seiner Geburt, und laß uns einmal seine Herrlichkeit voll Gnade und Wahrheit schauen“ (Benediktionale S. 31).
Auch das Stundengebet der Kirche greift dieses Lichtmotiv verheißungsvoll auf, wenn es während der gesamten Adventszeit im Antwortgesang der Laudes heißt: „Über dir, Jerusalem, erstrahlt der Herr, er geht auf über dir gleich der Sonne. Und seine Herrlichkeit erscheint über dir. Er geht auf über dir gleich der Sonne.“
Die O-Antiphon vom 21. Dezember lautet schließlich: „O Morgenstern, Glanz des unversehrten Lichtes, der Gerechtigkeit strahlende Sonne: o komm und erleuchte, die da sitzen in Finsternis und im Schatten des Todes!“

Anregungen für die Praxis

1. Die Segnung des Adventskranzes zu Beginn der Meßfeier: Nach der liturgischen Eröffnung und einem Einführungswort werden Kranz und Kerzen gesegnet (vgl. Benediktionale S. 30 f). Jemand von den Gottesdienstteilnehmern entzündet die erste Kerze am Adventskranz. *Währenddessen* singt die Gemeinde ein Lied, z.B.: GL 107 (Strophe 4: „Die Zweiglein der Gottseligkeit steckt auf mit Andacht, Lust und Freud; so kommt der König auch zu euch ...“);

GL 462 „Zu dir, o Gott, erheben wir (das Lied entspricht dem Introitus vom ersten Advent), oder, um das Lichtmotiv stärker zu betonen: GL 116: „Gott, heilger Schöpfer aller Stern“; das Kyrie aus GL 103: „Licht, das die Nacht erhellt“; GL 110, 1-2: „Wachet auf, ruft uns die Stimme ...“; GL 111: „Die Nacht ist vorgedrungen ...“; schließlich noch bei der morgendlichen Feier: GL 668: „Morgenglanz der Ewigkeit“, bes. Strophe 4.

2. Im Anschluß an die Predigt, die die Symbolik des Adventskranzes zum Inhalt hat, erfolgt die Segnung der Adventskränze. (Am „Christkönigssonntag“ sind die Gläubigen eingeladen worden, zu dem Hauptgottesdienst am ersten Advent ihre Adventskränze zum Segnen mitzubringen. Diese werden vor dem Gottesdienst sichtbar im Altarraum plaziert.) Kränze und Kerzen werden nacheinander gesegnet (vgl. Benediktionale). Vom Ewigen Licht entzündet ein Kind/Zelebrant die erste Kerze am Adventskranz in der Kirche. Die Gemeinde singt als Antwort: GL 115, 1.
Beim Hochgebet bzw. zum „Vater unser“ umstehen Kinder den Altar mit kleinen Tannenzweigen in den Händen und bilden so einen weiteren „Kranz des Lebens“ nach.

Adventskalender

Eine gute Hinführung auf Weihnachten in der Familie ist ein religiöser oder liturgischer Adventskalender[37], der für jeden Tag einen geistlichen Text, eine Erzählung, ein Bild und/oder Gebetsvorschläge anbietet. Auch eine Pfarrgemeinde kann ihren eigenen Adventskalender erstellen.

Eine Gemeinde gestaltet ihren eigenen Adventskalender

„Von der Gemeinde – für die Gemeinde“ – so könnte man die gemeindliche Aktion überschreiben. Einen Kalender von der Ge-

37 Zur Geschichte des Adventskalenders vgl. auch Esther Gajek, Adventskalender von den Anfängen bis zur Gegenwart, München o.J.

meinde – für die Gemeinde zu schaffen, das war die Ausgangsüberlegung, die in unserer Pfarrei sofort zündete.
„Von der Gemeinde" – das heißt, daß einzelne Gemeindemitglieder, Familien oder auch Gruppen sich melden konnten, um einen Tag, also eine Seite des Kalenders zu gestalten. „Für die Gemeinde" bedeutete, diese Texte sollten allen eine persönliche Anregung sein, dem Fest der Geburt des Herrn entgegenzugehen. Adressaten waren in erster Linie Jugendliche und Erwachsene. Anfang November müßte erfahrungsgemäß im Pfarrblatt und in den Vermeldungen das Anliegen bekanntgemacht werden. Als Gestaltungshilfe sollten den Mitarbeiterinnen und Mitarbeitern die Texte der Meßfeier für den entsprechenden Tag (Tageslesung, Evangelien, Gebete aus dem „Schott") zur Verfügung gestellt werden – zur Orientierung bzw. zur Inspiration für einen Leitgedanken oder für die persönliche Meditation. Den Ideen (Meditationstext, Lied, Gebet, Foto, Zeichnung usw.) sind keine Grenzen gesetzt. Am Christkönigssonntag ist Abgabeschluß.
Bei uns wurden die Beiträge im DIN-A5-Format gedruckt, von den Meßdienern geheftet und am ersten Advent nach allen Gottesdiensten verkauft. Kalendertitel waren zum Beispiel: „Jesus, unsere Hoffnung" oder „Komm, Herr Jesus, komm". Das eingenommene Geld (bei einer Auflage von 800 Exemplaren) wurde notleidenden Menschen unserer Gemeinde zuteil.
Den kranken Schwestern und Brüdern wurde der Kalender mit dem Pfarrbrief überbracht; so waren sie mit unserer Gemeinde geistig in besonderer Weise verbunden.
Auch in den Gottesdiensten konnten immer wieder Beiträge verwendet werden; sei es als Einführung oder als Meditation nach dem Evangelium. In unserer Gemeinde stieß diese Aktion auf eine sehr positive Resonanz, so daß ich sagen kann: Bei guter Verbreitung ist ein solcher Kalender ein lohnender Schritt, Weihnachten mit der Pfarrgemeinde geistlich entgegenzugehen.

Nachfolgend ein *Beispiel für eine Musterseite*, die man – neben den formalen Informationen – beifügen kann:

24. Dezember

Lesung: 2 Sam 7,1-5.8b-12.14a.16
Evangelium: Lk 1,67-79

„Durch die barmherzige Liebe unseres Gottes wird uns besuchen das aufstrahlende Licht aus der Höhe" (Lk 1,78).

Licht und Finsternis gehören zu den Grunderfahrungen des menschlichen Lebens, und so verwundert es nicht, daß diese Erfahrungen auch in der Sprache der Bibel ihren Ausdruck gefunden haben. Licht als Zuwendung Gottes zu den Menschen – Finsternis als Umschreibung für Gottesferne: „Das Volk, das im Dunkel lebt, sieht ein helles Licht ..." (Jes 9,1) – „Das wahre Licht, das jeden Menschen erleuchtet, kam in die Welt" (Joh 1,9).

Es liegt an mir, mich von diesem Licht entzünden zu lassen und, wie es in einem Lied heißt, als „seiner Liebe Widerschein" die Christenheit und die Welt zu erneuern und zu verändern. Ich und Weltveränderung? – Vielleicht ist der Gedanke doch nicht so weit hergeholt, wenn ich bedenke, daß es hierbei zuerst gilt, bei mir und meinem Lebensbereich anzufangen. Der Maßstab und gleichsam das Wachs für mein Licht ist die Liebe, die an Weihnachten sehr konkret in Jesus Christus erschienen ist. So gilt heute am letzten Tag des Advents und darüber hinaus der Aufruf: „Mache dich auf und werde Licht! Mache dich auf und werde Licht! Mache dich auf und werde Licht, denn dein Licht kommt."

Maria in der Herberge – Frauentragen im Advent

Es gibt einen alten Adventsbrauch, der sich auch heute großer Beliebtheit erfreut, das „Frauentragen". Dieser alte christliche Brauch führt in seinem Kern auf die Herbergssuche von Maria und Josef zurück.
Eine schöne Marienikone wandert während der Adventszeit von Haus zu Haus und lädt für einen Abend alle Familienmitglieder zu Gebet und Besinnung ein. Das Bild wird von einer Familie zur anderen getragen und dort aufgestellt. Die sich anschließende kurze Andacht ist ganz auf die nahe Ankunft des Weihnachtsfestes ausgerichtet.
Das Frauentragen führt Menschen zueinander, die ansprechbar und wach sind für die Ankunft Gottes in dieser Welt. Aus diesem frommen Adventsbrauchtum könnten sich aber auch Impulse zu konkretem Tun ergeben. Wenn das Beten um die Ankunft Gottes in unsere Gegenwart hinein echt vollzogen wird, dann kann man sich auch das Nachdenken nicht ersparen, wie in- und außerhalb der Gemeinde Menschen geholfen werden muß und kann.
Schließlich verwirklicht sich in diesem Tun das Anliegen des II. Vatikanischen Konzils, das von der Familie als der „ekklesiola", der Kirche im kleinen, spricht.

Wie man im Pfarrbrief informieren kann

In unserer Gemeinde wollen wir die alte Tradition des „Frauentragens" aufgreifen und neu beleben.

Die Familien, die bereit sind, dem Herrn und seiner Mutter eine Herberge zu geben, tragen sich vom *zweiten Advent* an in eine ausgelegte Liste im Pfarrbüro ein.
Am *dritten Advent* halten wir nach der Adventsfeier der Gemeinde eine adventliche Marienvesper, wobei im Anschluß das Frauentragen beginnt. In einer Prozession ziehen wir mit der Marienikone von der Pfarrkirche zur Kapelle N.N. (Pfarrkirche N.N. o.ä.). Dort findet eine kleine Andacht statt. Am nächsten Tag (gegen Abend) tragen die Schwestern bzw. die herberggebende Familie das Bild an die nächste Adresse weiter.
Die Gestaltung der Feier ist der Phantasie der jeweiligen Familie überlassen; zusätzlich wird eine Vorlage mit Texten an die Hand gegeben. Gerne kann man zur Andacht Freunde und Nachbarn, besonders auch alleinstehende Menschen, einladen.
An den religiösen Teil soll sich ein frohes, adventliches Zusammensein anschließen.
In der Weihnacht wird dann die Ikone in die Pfarrkirche gebracht.
Es wäre schön, wenn auf diese Weise in unserer Gemeinde etwas in Bewegung käme, vielleicht auch das Gebet in der Familie.

***

Gestaltungsmöglichkeiten in Gottesdienst und Liturgie

„Seine Ankunft voll Freude erwarten". Eine Einführung in Geist und Liturgie der Adventszeit

Adressat dieser geistlichen Einführung ist die ganze Gemeinde, insbesondere alle diejenigen, die einen liturgischen Dienst ausüben (z.B. LektorInnen, KantorInnen, KommunionhelferInnen, OrganistInnen, MinistrantInnen). Zu Beginn des Advents wird ein Einblick in die Adventsliturgie gegeben, eine Hilfe zum bewußteren Mitvollzug dieser Tage. Liturgische Fragen werden besprochen, gegebenenfalls neue Gesänge eingeübt. Bild und Tonbeispiele verlebendigen den Vortrag. (Die Diareihen „Bilder zum Kirchenjahr“ aus dem Christophorus-Verlag, Freiburg, bieten hier gute Hilfen; über Ausleihstellen besorgen, leider vergriffen.) Wenn die Veranstaltung am ersten Advent stattfindet, kann das Beisammensein mit der gemeinsamen Vesper enden.

Adventsvespern

An den vier Sonntagen im Advent findet eine Adventsvesper statt (vgl. GL 121), wobei je einer der Adventspsalmen meditiert wird (s. Kapitel: Adventspsalmen). Der zeitliche Ansatz der Vesper (Abend!) ist zu berücksichtigen; so kommen Adventskranz und Lichtsymbolik zur Geltung. Die Vespern in der Adventszeit bereiten vor auf die feierliche Vesper am Weihnachtstag (vgl. GL 150).

Früh- oder Spätschichten im Advent

Pfarrgruppen treffen sich zur Früh- oder Spätschicht an einem Werktag, um noch vor Beginn der Schul- und Arbeitszeit bzw. danach zu meditieren und sich so auf das Weihnachtsfest einzustimmen. Das gemeinsame anschließende Essen ist beliebter Bestandteil dieser Zusammenkünfte.

„Die Halle der Welt mit Licht erfüllen" – Modell einer Spätschicht

Materialien: Eine große Kerze mit Ständer, pro Teilnehmer ein Teelicht, Gitarre, Geschichte von den Philippinen, große Streichhölzer, Panflöte (oder Instrumentalmusik vom Band).
Raumgestaltung: Wir sitzen in der Kapelle im Kreis um den Altar; auf dem Altar steht die große Kerze. Die kleinen Kerzen sind im Kreis um die große Kerze postiert; die Kapelle ist ganz dunkel.
Ablauf: „Ich möchte Euch eine Geschichte von den Philippinen erzählen." (Ich erzähle die Geschichte bis: „So geschah es", dann entzünde ich die Kerze auf dem Altar. Anschließend lese ich das Ende der Geschichte vor.)

Die „Halle" der Welt mit Licht erfüllen

Auf den Philippinen erzählen sich die Leute folgende Geschichte: Ein König hatte zwei Söhne. Als er alt wurde, da wollte er einen der beiden zu seinem Nachfolge bestellen. Er versammelte die Weisen seines Landes und rief seine beiden Söhne herbei. Er gab jedem der beiden fünf Silberstücke und sagte: „Ihr sollt für dieses Geld die Halle in unserem Schloß bis zum Abend füllen. Womit, das ist eure Sache." – Die Weisen sagten: „Das ist eine gute Aufgabe."
Der älteste Sohn ging davon und kam an einem Feld vorbei, wo die Arbeiter dabei waren, das Zuckerrohr zu ernten und in einer Mühle auszupressen. Das ausgepreßte Zuckerrohr lag nutzlos umher. Er dachte sich: „Das ist eine gute Gelegenheit, mit diesem nutzlosen Zeug die Halle meines Vaters zu füllen."
Mit dem Aufseher der Arbeiter wurde er einig, und sie schafften bis zum späten Nachmittag das ausgedroschene Zuckerrohr in die Halle. Als sie gefüllt war, ging er zu seinem Vater und sagte: „Ich habe deine Aufgabe erfüllt. Auf meinen Bruder brauchst du nicht mehr zu warten. Mach mich zu deinem Nachfolger." – Der Vater antwortete: „Es ist noch nicht Abend. Ich werde warten."
Bald darauf kam auch der jüngere Sohn. Er bat darum, das ausgedroschene Zuckerrohr wieder aus der Halle zu entfernen. So geschah es. (*Hier unterbrechen.*) Dann stellte er mitten in die Halle eine Kerze und zündete sie an. Ihr Schein füllte die Halle bis in die letzte Ecke hinein.

Der Vater sagte: „Du sollst mein Nachfolger sein. Dein Bruder hat fünf Silberstücke ausgegeben, um die Halle mit nutzlosem Zeug zu füllen. Du hast nicht einmal ein Silberstück gebraucht und hast sie mit Licht erfüllt. Du hast sie mit dem gefüllt, was die Menschen brauchen." (Volksgut)

„Du hast die Halle mit dem gefüllt, was die Menschen brauchen." Licht ist etwas Lebensnotwendiges, so lebensnotwendig wie das tägliche Brot. Noch viele andere Dinge sind für uns lebensnotwendig: Liebe, Friede, Hoffnung ... In der Zeit vor Weihnachten darf man sich etwas wünschen. Ich möchte euch nun einladen, in einer kurzen Stille zu überlegen, welche Wünsche jeder von uns hat. Anschließend können sich alle eine kleine Kerze nehmen und sie am großen Licht entzünden. Wer möchte, kann dabei seinen „Weihnachtswunsch" in einem Wort oder einem kurzen Satz aussprechen. Diese „Weihnachtsbitte" möchten wir dann zu unserem gemeinsamen Gebet machen, durch einen kurzen Liedruf, den man auch mit einer Gestik begleiten kann. (Im Kreis: Arme nach oben ausstrekken, beim „Amen" senken. Dazwischen jeweils benennen, was unser täglich Brot ist: z.B. Vertrauen etc.) Er heißt: „Unser tägliches Brot gib uns heute, Amen."

Aus: Franz Kett, Was ist's, was die Menschen brauchen, in Relpäd. Praxis 1991/4, S. 12

Stille – Panflöte (Instrumentalmusik vom Band).

Dann leite ich die *Fürbitten* ein, indem ich als erster eine Kerze entzünde, eine Bitte ausspreche und nach einer kurzen Pause den Liedruf anstimme. Die Kerze halte ich dabei in der Hand. Einer nach dem andern entzündet nun sein Licht, spricht seine Bitte aus, und wir singen gemeinsam den Liedruf. Haben alle Teilnehmerinnen und Teilnehmer eine Kerze in der Hand, lade ich ein, das „Vater unser“ zu beten. Zum Abschluß singen wir den Kanon: „Mache dich auf und werde Licht!“

Text und Melodie: Kommunität Gnadenthal
(c) Präsenz-Verlag, 65597 Gnadenthal

Adventssingen

Der reiche Schatz an Advents- (und Weihnachts-)liedern lädt ein zum Adventssingen. Texte und unbekannte Lieder können hierbei nahegebracht werden.
(Den Liederschatz dokumentiert das Buch: „Feiern wir mit Fröhlichkeit. Das Liederbuch zur Weihnachtszeit“, hg. von M. Schmeisser, Freiburg 1990.)

Bußgottesdienst

Bei der Feier eines Bußgottesdienstes besinnt sich eine Gemeinschaft auf ihre Aufgabe und Sendung als Gemeinde Jesu Christi und bittet um Verzeihung, daß sie hinter ihren Aufgaben zurückgeblieben ist. Soll der Bußgottesdienst der Situation der Gemeinde oder einer bestimmten Gruppe entsprechen, braucht es die Mithilfe mehrerer Gemeindemitglieder. Dieser Gottesdienst sollte eher zu Beginn der Adventszeit seinen Platz haben als unmittelbar vor dem Weihnachtsfest.

Thematische Gestaltung der Kinder- und Familiengottesdienste

An den vier Adventssonntagen könnte sich – ähnlich wie in der österlichen Bußzeit – ein thematischer roter Faden durch die Feier ziehen; ein Symbol, das die Kinder während dieser Zeit begleitet: vier adventliche Gestalten, vier Krippenfiguren bzw. auch der systematische Ausbau der Krippe an den Adventssonntagen. Höhepunkt ist dann die Kinderkrippenfeier an Heiligabend.

Ein ökumenischer Schulgottesdienst vor den Weihnachtsferien kann Schüler auf das nahe Fest einstimmen, ohne die Botschaft – Weihnachten – schon völlig vorwegzunehmen.

Auch die „Weihnachtsnovene" in den letzten neun Tagen vor dem Fest stellt eine gute Vorbereitung dar. Bewußt am späteren Abend trifft man sich zur „Novene", der keine „Sitzung" mehr folgt und die den Abschluß des Tages markiert.

Adventsfeiern

Adventliche Feiern einzelner Gruppen der Gemeinde können im Rahmen einer gemeinsamen Feier veranstaltet werden, bei der sich jede Gruppierung miteinbringt. Gegen den Trend in der Gesellschaft achte man auf den Titel solcher Veranstaltungen: nicht „Weihnachts"-, sondern Adventsfeiern.
(Eine gute Materialhilfe hierzu: „Advent feiern" – in Betrieb, Gruppe, Verein. Gestaltungsanregungen; Best. Nr. 190-6, beim: Erzbischöflichen Seelsorgeamt, Abt. Gemeindepastoral, Postfach 449, 79098 Freiburg)

Hausgebet im Advent

Seit einigen Jahren schlagen die katholische und evangelische Kirche einen gemeinsamen Tag vor, an dem zu einer bestimmten Abendstunde das „ökumenische“ Hausgebet beginnen soll. Hilfen in Form von Liedern, Texten und Gebeten werden dafür bereitgestellt. Alleinstehende kann man zum Gebet in die Kirche und dann zum Zusammensein ins Pfarrhaus (Gemeindehaus) einladen.

Die Weihnachtszeit

Das geschichtliche Werden des Weihnachtsfestes[1]

Das Fest der Geburt des Herrn am 25. Dezember, wie wir es kennen, ist um die Mitte des 4. Jahrhunderts zum ersten Mal gefeiert worden. Die gesamte Kirche ist also 300 Jahre lang ohne Weihnachtsfest ausgekommen. Ursprünglich kannte man nur das Fest der Auferstehung des Herrn, das an jedem Sonntag und bald zusätzlich noch besonders einmal pro Jahr (an Ostern) begangen wurde. Damit war der Anfang gemacht für das System der jährlich wiederkehrenden Feste, also für ein Kirchenjahr. Bald kamen andere solcher Jahresfeste hinzu; als eines der ersten das Fest der Theophanie, der Erscheinung des Herrn, am 6. Januar. Dieses Fest wollte das umfassend verstandene Sichtbarwerden Gottes auf Erden feiern. Man dachte dabei an eine ganze Reihe konkreter Ereignisse aus dem Leben Jesu. Aber fast alle diese Heilsereignisse wurden im Laufe der Zeit aus der Feier des Theophaniefestes ausgegliedert und bekamen ihren eigenen Festtag. Unser heutiges Weihnachtsfest ist also eine – wohl die wichtigste – Ausgliederung aus dem ursprünglich mit reicher inhaltlicher Fülle ausgestatteten Theophanie-Tag. Es wurde zuerst in Rom gefeiert, aber sehr bald auch vom christlichen Osten übernommen (vgl. Cullmann, aaO., S. 40 f).

Heute feiern Weihnachten am 25. Dezember außer der römisch-katholischen und den protestantischen Kirchen die (chalcedonensisch-)orthodoxen Kirchen Konstantinopels, Alexandriens, Antiochiens, Rumäniens, Zyperns, Griechenlands, Finnlands, ferner diejenigen der Diaspora. Dagegen halten am 6. Januar fest: Von den (chalcedonensisch-)orthodoxen Kirchen diejenigen Jerusalems, Rußlands, Serbiens, Bulgariens, Georgiens, Polens und der Tschechoslowakei; von den nicht-chalcedonensischen orthodoxen Kirchen die äthiopische, die koptische, die syro-jakobitische, die indische; die armenische feiert einige Tage später, am 18./19. Januar (Cullmann, aaO., S. 42).

***

1 Vgl. hierzu die sehr gute Darstellung von Oscar Cullmann, Die Entstehung des Weihnachtsfestes, Stuttgart [2]1991, S. 40-48.

Die heutige Gestalt der Weihnachtszeit

„Die Weihnachtszeit reicht von der ersten Vesper der Geburt des Herrn bis zum Sonntag nach Erscheinung des Herrn bzw. dem Sonntag nach dem 6. Januar einschließlich“ (GOK 33).
„Weihnachten hat eine Oktav mit folgender Ordnung:
a) am Sonntag in der Oktav ist das Fest der Heiligen Familie;
b) am 26. Dezember ist das Fest des hl. Erzmärtyrers Stephanus;
c) am 27. Dezember ist das Fest des hl. Apostels und Evangelisten Johannes;
d) am 28. Dezember ist das Fest der Unschuldigen Kinder;
e) der 29., 30. und 31. Dezember sind Tage in der Oktav;
f) am 1. Januar, dem Oktavtag von Weihnachten, ist das Hochfest der Gottesmutter Maria und das Gedächtnis des Tages, an dem der Erlöser den Namen Jesu erhielt.
Der Sonntag, der auf einen der Tage vom 2. bis 5. Januar fällt, heißt 2. Sonntag nach Weihnachten.
Erscheinung des Herrn wird am 6. Januar gefeiert, wo der Tag gebotener Feiertag ist. Wo dieses Hochfest kein gebotener Feiertag ist, wird es auf den Sonntag zwischen dem 2. und 8. Januar verlegt.
Am Sonntag nach dem 6. Januar ist das Fest der Taufe des Herrn“ (GOK 35-38), gleichzeitig ist das Fest der erste Sonntag im Jahreskreis.

***

Liturgische Betrachtungen zu Inhalten des Weihnachtsfestkreises

„Adams Sünde und Christi Gnade"[2]

An Heiligabend stehen neben dem Datum des 24. Dezember auch die Namen Adam und Eva. Wenn die Kirche ausgerechnet am Vorabend des Weihnachtsfestes der Stammeltern gedenkt, dann deswegen, weil sie heilsgeschichtliche Zusammenhänge freilegen wollte. Das biblische Urpaar versinnbildlicht die Gnade Gottes wie die Schuld des Menschen; das Paradies wie den Verlust des Heiles. Nach paulinischer Theologie ist Jesus Christus der „neue Adam" (vgl.

2 Vgl. die Überschrift der Adventspräfation IV.

1 Kor 15,45-49), „unser Retter und Heiland", der zurückbringt, „was durch Adams Sünde verlorenging"[3]. Nach der Lehre der Väter hat Gott auch Adam und Eva neu begnadet und der Erlösung teilhaftig gemacht. Das Osterbild der Ostkirche bringt das anschaulich zum Ausdruck: Es zeigt Christus in der Unterwelt. Der Auferstandene befreit Adam und Eva aus der Macht des Todes und holt sie aus ihren Gräbern heraus (vgl. Abb. S. 75). In der Weihnacht greifen wir die ganze Erlösung mit den Worten des Weihnachtsliedes auf: „Heut schließt er wieder auf die Tür zum schönen Paradeis; der Cherub steht nicht mehr dafür, Gott sei Lob, Ehr und Preis" (GL 134,4).
Das „Martyrologium", der ehemals römische Heiligenkalender, verkündet zu Beginn der Weihnacht den Grund für die Menschwerdung Gottes: ... *„weil er durch seine gnadenvolle Ankunft das Weltall heiligen wollte"* [4].

„Als tiefes Schweigen das All umfing"

Die Stunde der Geburt des Erlösers wurde von den Christen auf Mitternacht festgelegt. Wahrscheinlich wollte man mit der nächtlichen Feier eine bewußte Nachbildung der Osternacht und somit ein entsprechendes Gegenstück zu ihr schaffen.
„Als tiefes Schweigen das All umfing und die Nacht bis zur Mitte gelangt war, da stieg dein allmächtiges Wort, o Herr, vom Himmel herab, vom königlichen Thron" (Weish 18,14-15; vgl. den Introitus vom 2. Sonntag nach Weihnachten). Im Buch der Weisheit „springt" – so heißt es in Weish 18,14 wörtlich – „das allmächtige Wort Gottes ... als harter Krieger mitten in das dem Verderben geweihte Land". Das geschah in der Paschanacht, in der die Ägypter „beim Untergang ihrer Erstgeborenen bekennen mußten: Dieses Volk (der Israeliten) ist Gottes Sohn" (Weish 18,13). In der „relecture" der Christen ist aus diesem Wort des Alten Bundes das Heilswort der Heiligen Nacht geworden, das Wort, „das im Anfang bei Gott war" und das „Fleisch geworden ist". So verkündet es der Johannesprolog im Evangelium am Weihnachtstag.

3 Ebd.
4 Vgl. den zum Singen eingerichteten Text in: Neues Werkbuch zum Gotteslob, Lesejahr B, Freiburg 1990, S. 228-230.

Kiedricher Graduale, Introitus zur 3. Weihnachtsmesse

„Der wunderbare Tausch“

Die Präfation des Weihnachtsfestes nennt als letztes Ziel der Inkarnation die Vergöttlichung des Menschen: „Denn einen wunderbaren Tausch hast du vollzogen, dein göttliches Wort wurde ein sterblicher Mensch, und wir sterbliche Menschen empfangen in Christus dein göttliches Leben.“
Dieser „wunderbare Tausch“ spiegelt sich in mehreren Gebeten und Gesängen der Weihnachtsliturgie. So heißt es im Tagesgebet in der Messe am Weihnachtstag:

„Allmächtiger Gott, ...
laß uns teilhaben an der Gottheit deines Sohnes,
der unsere Menschennatur angenommen hat.“[5]

Auch die erste *Vesperantiphon vom Oktavtag von Weihnachten* „besingt das Unfaßliche des Kommens Gottes in die Welt, seine Einwohnung im Menschen und dessen stetig von innen her wachsende Vergöttlichung“[6]:

„O wunderbarer Tausch!
Der den Menschen erschuf,
nimmt menschliches Leben an
und wird aus der Jungfrau geboren.
Von keinem Mann gezeugt,
kommt er in die Welt
und schenkt uns sein göttliches Leben.

Die Ostkirche drückt dieses Paradoxon göttlicher Liebe, daß Gott Mensch geworden ist, immer wieder im Gewand tiefer Gegensätze aus: Ein kleines Kind – der ewige Gott.
„Gott wurde Mensch, damit der Mensch Gott werde.“
„Gott liegt in der Wiege, der einst im Urbeginn die Welten festigte; aus Brüsten wird mit Milch genährt, der in der Wüste Manna regnen ließ dem Volke“, so die Ankündigung der Geburt Christi in der königlichen Non am 24. Dezember.[7]
Über die menschliche Armut und den göttlichen Reichtum wird auf den russischen Ikonen in der Sprache des Bildes meditiert: wie Gott, Mensch werdend, unser Fleisch annimmt und wie wir von seiner Armut den Reichtum seines göttlichen Lebens empfangen.
„Reichtum in die Armut geboren; Ursprung der Schöpfung Geschöpf geworden.

5 Vgl. auch das Gabengebet vom 29. Dezember. Bei der Gabenbereitung der Meßfeier spricht der Priester (Diakon) jedesmal in Anlehnung an dieses Gebet die Worte: „Wie das Wasser sich mit dem Wein verbindet zum heiligen Zeichen, so lasse uns dieser Kelch teilhaben an der Gottheit Christi, der unsere Menschennatur angenommen hat.“

6 Wilhelm Nyssen, Der heilende Christus, Mainz 1977, S. 8.

7 Zitiert nach: Irenäus Totzke (Hg.), Geburt in der Höhle. Das Weihnachtsfest in der Überlieferung der Ostkirche, Freiburg 1989.

Des Weltall Harmonie im Chaos der Erde; göttlicher Hirt der menschlichen Herde.
Aus unendlicher Ferne nun menschlich nah, Ehre sei Gott, der Retter ist da“ (M. Baunacke).

„Die neue Schöpfung“

Die Kirchenväter nennen die Schöpfung Gottes „Creatio“, die Menschwerdung Gottes aber „Re-creatio“ – Neu-Schöpfung.
Wer erschöpft ist, braucht die Kraft einer neuen Schöpfung, er braucht die Verwandlung, die ihn zu einem neuen Menschen macht. Diese Neuschöpfung hat begonnen. Mitten in der Welt des alten Adam ist in Jesus Christus der neue Mensch erschienen. In der

Verbindung mit ihm ist uns die Möglichkeit gegeben, ein neuer Mensch zu werden.
„Die Erneuerung der Welt durch den menschgewordenen Sohn", so ist die Präfation von Weihnachten II überschrieben:

> Denn groß ist das Geheimnis seiner Geburt:
> Er, der Unsichtbare Gott, ist (heute)
> sichtbar als Mensch erschienen.
> Vor aller Zeit aus dir geboren,
> hat er sich den Gesetzen der Zeit unterworfen.
> In ihm ist alles neu geschaffen.
> Er heilt die Wunden der ganzen Schöpfung,
> richtet auf, was darniederliegt,
> und ruft den verlorenen Menschen
> ins Reich deines Friedens.
> Darum rühmen dich Himmel und Erde,
> Engel und Menschen
> und singen das Lob deiner Herrlichkeit.

Auch das Tagesgebet von Weihnachten greift den Gedanken der Recreatio auf (fast so, als wäre erst durch das Kommen des Sohnes der Mensch zu wahrem Sein erweckt).
„Allmächtiger Gott, du hast den Menschen in seiner Würde wunderbar geschaffen und noch wunderbarer wiederhergestellt ..."[8]

„Das wahre Licht, das jeden Menschen erleuchtet" – Eine Weihnachtspredigt

In seinem von tiefgründigem Humor durchwirkten Roman „Der aufgeweckte Siebenschläfer" läßt Adalbert Seipold die Hauptperson dem Sinn nach sagen: „Zu meiner Zeit (im 3. Jh.) waren wir Christen, ohne Weihnachten zu feiern; heute (im 20. Jh.) dagegen feiern viele Weihnachten, ohne Christen zu sein." Da scheint etwas dran zu sein. Die erste Aussage stimmt auf jeden Fall: In den ersten Jahrhunderten gab es kein Weihnachtsfest; erst im 4. Jh. ist es in Rom

8 Vgl. Wilhelm Nyssen, Weihnacht im Aufgrünen der Erde, Köln 1984, S. 13.

eingeführt worden. Obgleich keiner von ihnen das genaue Datum der Geburt Christi kannte, haben die damaligen Christen sehr sinnvoll gehandelt, als sie den 25. Dezember zum Geburtstag des Herrn bestimmten. Und es war höchst sinnvoll, daß sie als Geburtsstunde „Mitternacht“ angaben. Diese Christen haben etwas Großes getan: Sie haben den Menschen zu allen Zeiten – bis heute – die Möglichkeit gegeben, eine tiefe Erfahrung zu machen: die Erfahrung nämlich, daß Jesus von Nazaret, Jesus der Christus, das Licht der Welt ist, daß mit ihm ein neuer Tag, ein neues Leben angebrochen ist. Ja, „mitten im kalten Winter, wohl zu der halben Nacht ...“, zu dem Augenblick, wo die Tage am kürzesten und die Nächte am längsten sind, wo das Licht zu sterben droht, ist gerade der richtige Augenblick, jedem Menschen und der Menschheit im ganzen zu verkünden, woraus wir wirklich leben können: abseits der Kälte, jenseits der Einsamkeit und Dunkelheit, mitten im Licht – in der Gemeinschaft mit Gott in Jesus Christus.

Diese Botschaft gilt es in dieser Nacht zu erfahren. Diese Botschaft müssen wir mit hinausnehmen aus diesem Gotteshaus und weitersagen, denn wir brauchen sie dringend. Nicht nur draußen ist jetzt Winter, Kälte, Dunkelheit. In vielen Herzen und in vielen Bereichen der Gesellschaft sieht es genauso aus. Wir spüren das in diesen Tagen besonders: winterliche Kälte in Gestalt von Haß, Gewalt, Terror und Krieg. Viele Menschen stellen sich dieser Nacht und dem Dunkel, das da auf uns zukommt; mit Kerzen und Leuchtstäben erhellen sie für einen Moment das Dunkel der Nacht. Doch scheint dies wie ein Kampf gegen ein Ungeheuer zu sein, das immer wieder aufsteht. Politiker debattieren, sie tagen und tagen, und es wird nicht heller. Ob nicht ein Grund für dieses Dunkel und die Kälte darin liegt, daß dieses göttliche Licht der Welt, das wir heute feiern, bei vielen keinen Einlaß findet, ja bekämpft wird. „Das Licht leuchtet in der Finsternis, und die Finsternis hat es nicht ergriffen“, heißt es im Weihnachtsevangelium (vom Tag) und spricht damit vom Widerstand gegen dieses Licht wie von seiner Unzerstörbarkeit. Diese Widerstände gibt es auch in uns. In der folgenden chassidischen Geschichte wird es ein wenig deutlich:

Ein alter Rabbi fragte einst seine Schüler, wie man die Stunde bestimmt, in der die Nacht endet und der Tag beginnt. „Ist es, wenn man von weitem einen Hund von einem Schaf unterscheiden kann?“

fragte einer seiner Schüler. „Nein“, sagte der Rabbi. „Ist es, wenn man von weitem einen Dattel- von einem Feigenbaum unterscheiden kann?“ fragte ein anderer. „Nein“, sagte der Rabbi. „Aber wann ist es denn?“ fragten die Schüler. – „Es ist dann, wenn Du in das Gesicht irgendeines Menschen blicken kannst und Deine Schwester oder Deinen Bruder siehst. Bis dahin ist die Nacht noch bei uns.“
Ist das Gesicht meiner Nachbarin, meines Nachbarn hier im Gotteshaus das Gesicht meiner Schwester und meines Bruders? Wir spüren: Es bedarf Gottes Zuwendung, um mit ihm und durch ihn erkennen zu können. Ohne seine Zuwendung wird uns sein Gesicht nicht deutlich, das im anderen aufleuchtet; ist die Nacht noch bei uns. Hier trifft uns die Botschaft der *Heiligen Nacht*. Wir feiern die einzigartige Zuwendung Gottes, wie sie in der ersten Weihnacht geschehen ist und immer wieder geschieht: „Das wahre Licht, das jeden Menschen erleuchtet, kam in die Welt.“ Es bringt jedem Menschen neu die verlorene Ebenbildlichkeit Gottes. Wir tragen sein Antlitz; jeder Mensch ist ein Gegenlicht von Gott. Das gibt uns eine ganz neue Sichtweise: Wenn wir sein Antlitz tragen, wenn uns die Güte und Menschenfreundlichkeit Gottes gerettet hat, wie der Titusbrief sagt, dann steht auch uns die Güte und Menschenfreundlichkeit ins Gesicht geschrieben: Dann können wir nicht mehr Du sagen, ohne ihn mitzumeinen. Dann können wir keinem Menschen mehr begegnen, der nicht seine Züge trägt. Dann können wir keinem Menschen mehr weh tun, ohne ihn mitzutreffen.
Auch wenn noch viel Nacht um uns ist: Seit Gott Mensch geworden ist, ist der Tag, das Licht, im Wachsen begriffen, und es vermehrt sich mit dem Leben eines jeden, der Licht und Wärme um sich verbreitet. Wenden wir uns in dieser Heiligen Nacht dem Licht, Gott, neu zu, ihm, der sich uns einzigartig zugewandt hat in dem Kind in der Krippe. „Allen, die ihn aufnahmen, gab er Macht, Kinder Gottes zu werden“, und die Kraft, wahrhaft Brüder und Schwestern zu sein in Christus, unserem Herrn.

***

Die Heiligenfeste der Weihnachtsoktav und ihr Brauchtum

Schon die ältesten liturgischen Kalender haben eine Reihe von Heiligenfesten im unmittelbaren Anschluß an Weihnachten verzeichnet. Das Mittelalter sah in diesen Heiligen das Ehrengefolge des Christuskindes und nannte sie „comites Christi" (Gefolgsleute). In der römischen Liturgie sind es:
Stephanus am 26.12. (F)
Johannes am 27.12. (F)
die Unschuldigen Kinder am 28.12. (F)
Thomas Becket am 29.12. (g)
Papst Sylvester am 31.12. (g)

Stephanus (26. Dezember)

Am „*zweiten Weihnachtsfeiertag*" ist aus Weiß, der Farbe der Freude, Rot, die Farbe des Blutes, geworden. Weihnachtsfreude und Zeugentod gehören zusammen wie Krippe und Kreuz.
Das *Fest des hl. Stephanus* ist im Sinne der byzantinischen Liturgie eine Art Synaxis – ein „Mitfest".[9]
„Der Parallelismus zwischen der Geburt Christi und dem Sterbetag des Erzmärtyrers, der von einer gewissen Antinomie erfüllt ist, liegt wohl zutiefst darin, daß der Todestag des Heiligen der Geburtstag in den Himmel ist. Mit der Geburt des Heilands der Welt feiern wir den Geburtstag des mystischen Leibes Christi, indem wir das Fest jenes begehen, der als erster die volle Gemeinschaft mit dem Herrn in der glorreichen Passionsteilnahme erfuhr."[10]
So heißt es im Responsorium der Lesehore – gleichsam als Echo auf die Predigt des Fulgentius von Ruspe (6. Jh.): „Gestern haben wir die

9 Die orthodoxe Kirche feiert Stephanus am „3. Weihnachtstag". Am Tag nach Weihnachten begeht sie die Synaxis der Gottesmutter.
10 Julius Tyciak, Jahreskranz der Güte Gottes, Mainz 1953, S. 59 f.

zeitliche Geburt unseres ewigen Königs gefeiert, heute feiern wir das siegreiche Leiden seines Kämpfers" (zweite Lesung).

Responsorium

Gestern wurde der Herr auf Erden geboren,
damit Stephanus heute für den Himmel geboren wird.
Gestern ging unser König aus dem Schoß der Jungfrau
hervor und besuchte in Gnaden die Welt.
Damit Stephanus heute für den Himmel geboren wird.

„Krippe und Kreuz" – Eine Predigt

Im ehemaligen Prämonstratenser-Kloster zu Ilbenstadt (Oberhessen) befindet sich eine interessante Krippendarstellung. Hinter der Krippe, vor der Josef und Maria knien, steht ein großes Kreuz. Es ist so eng mit der Krippe verbunden, daß man meint, der Stamm des Kreuzes wächst aus ihr heraus. Krippe und Kreuz sind in provozierender Weise zusammengebracht.
Ordensschwestern haben diese eigentümliche Krippendarstellung geschaffen. Sie wollten damit zum Ausdruck bringen, daß Krippe und Kreuz zusammengehören.
Das wird auch am heutigen Festtag deutlich; wir feiern den ersten Märtyrer. Gestern weiß – heute rot. Gestern die Geburt Christi – heute der Sterbetag des hl. Stephanus. Da ist schon wieder dieser Gegensatz. Geburt und Sterben. Krippe und Kreuz. Wie kommt das zusammen? Schauen wir auf das Kind in der Krippe und fragen wir uns, wie das Kreuz in sein Leben kam. Jesus ist nicht in die Welt gekommen, um an einem Kreuz zu sterben. Dieses Kreuz ist vielmehr herausgewachsen aus dem Leben Jesu mit einer erschütternden Notwendigkeit. Das Kreuz ist die Konsequenz seines Lebens – eines Lebens in Lauterkeit und Güte, in Milde und Sanftmut, voller Geduld und Vergebung, reich an Erbarmen. An ihm scheiden sich die Geister – er provoziert andere allein dadurch, daß er gut ist, grenzenlos, ohne Fehl und Tadel. Er stößt auf Zustimmung und Ablehnung, er ruft Nachfolge hervor und zugleich tödlichen Haß. Jesus stirbt also nicht, obwohl er ein guter Mensch war, sondern weil er grenzenlos gut gewesen ist. Genau deshalb kommt er ans Kreuz;

genau dies ist die letzte Konsequenz seines Lebensweges und der Ablehnung, die er damit erfahren hat.
In dieser Nachfolge stand auch Stephanus; der Jünger Jesu mußte den Weg seines Herrn gehen. Er konnte ihn gehen im Vertrauen, daß dieser Weg in das Ewige Leben mündet. Wir feiern den Sterbetag des Heiligen, wissend darum, daß der Sterbetag der eigentliche Geburtstag dieses Menschen ist, der „dies natalis", sein ganz persönliches Osterfest, der Hinübergang vom Tod zum Leben. Denn mit der Geburt des Heilands feiern wir den Geburtstag des mystischen Leibes Christi, den auch der nicht verläßt, der stirbt. Sterben bedeutet dann nicht Verlassenheit, sondern Gemeinschaft mit Gott. Stephanus ist hier für uns ein Zeichen; er ist der erste, der die volle Gemeinschaft mit dem Herrn in seiner Passion erfuhr. So enthält dieser zweite Weihnachtsfeiertag auch eine österliche Komponente. Krippe und Kreuz, Leben und Sterben gehören zusammen – auch in unserem Leben. Die Ilbenstädter Krippe steht das ganze Jahr über aufgebaut neben dem Altar. Geburt des Herrn, Kreuz und Eucharistie bilden so eine Einheit. Der Altar, um den wir uns hier versammelt haben, ist ein tiefes Zeichen für den, der gekommen ist, um sein Leben hinzugeben als Opfergabe für die vielen, und der sich jetzt auch uns schenkt.

Johannes (27. Dezember)

Am 27. Dezember feiert die Kirche das Fest des Evangelisten Johannes. Die Plazierung des Apostelfestes in unmittelbarer Nähe zum Weihnachtsgeheimnis ist sehr sinnvoll. Das Johannesevangelium stellt die Menschwerdung in den Mittelpunkt, die Inkarnation des Wortes.
Vom frühen Mittelalter bis in unsere Tage hat sich besonders in Weinbaugebieten die alte Sitte erhalten, am Johannestag, der auch „Winterjohanni" genannt wird, Wein für die kirchliche Segnung in die Gotteshäuser zu bringen. Dieser gesegnete Johanniswein wurde von Brautpaaren als „Hochzeitswein" verwendet. Pilgern, die man beherbergte, gab man zum Abschied einen Schluck Johanniswein, ebenso den Sterbenden, die sich auf den Weg der letzten Pilgerschaft

machten. Aber nicht nur in privater Form, in den Familien, sondern auch im Gemeindegottesdienst ist das Trinken des Johannisweines bezeugt. Der Priester reichte den Gläubigen von dem gesegneten Wein am Altar oder an der Kommunionbank mit den Worten: „Trinket die Liebe des heiligen Johannes; im Namen des Vaters und des Sohnes und des Heiligen Geistes." Möglicherweise geht dieser Brauch auf eine heidnische Sitte zurück, die die Kirche aufgegriffen hat. Bei den Germanen, Griechen und Römern gab es die Sitte, zu Ehren der Götter einen Trunk zu sich zu nehmen. Bei den Germanen hieß dies „Minne trinken" (in liebender Erinnerung trinken). Nach der Christianisierung änderte man diesen Brauch um in einen Trunk zu Ehren bestimmter Heiligen, z.B. des Michael, Stephanus, Johannes des Täufers, Martin von Tours und anderer mehr.
Die Tradition am Johannestag ist noch vor dem Hintergrund folgender Legende zu sehen: Ein Irrlehrer namens Aristodemus, so sagt die Überlieferung, habe einmal dem heiligen Johannes einen Becher vergifteten Weines gereicht, mit der Aufforderung, diesen zum Beweis der Wahrhaftigkeit seines Glaubens zu trinken. Johannes soll voll Zuversicht und Vertrauen den Becher ergriffen und ihn geleert haben. Durch Gottes Beistand konnte ihm das Gift nichts anhaben, und er entging dem Tod, der ihm durch den Trunk zugedacht war. Daraufhin habe sich der Irrlehrer bekehrt und sei ein frommer Christ geworden. Zur Erinnerung an dieses Wunder wird der hl. Johannes mit einem Kelch in der Hand abgebildet, aus dem eine Schlange emporsteigt. So mag man bei der Verchristlichung des Brauches zunächst beim Trinken des gesegneten Weines an den Schutz vor Unheil gedacht haben. Heute verwendet man als Trinkspruch: „Trinket die Liebe des heiligen Johannes."
Er erinnert an das Gebot der Liebe, das dieser Apostel besonders gepredigt hat. (Eine Legende berichtet, Johannes soll in seinen letzten Jahren immer nur einen Satz wiederholt haben: „Kindlein, liebet einander".)
Man kann die Meßfeier mit der Segnung des Weines beginnen. Der Bußakt entfällt dann. An die Segnung (vgl. Benediktionale S. 38 ff) schließt sich sofort das Tagesgebet und der Wortgottesdienst an. Der Wein kann aber auch etwa im Rahmen einer Vesper gesegnet werden; der Wein wird in bereitgestellte Weingläschen gefüllt. Die Gläubigen treten heran und empfangen mit dem Spendewort den Wein.

Oder: Die Segnung des Weines findet außerhalb der Kirche statt, etwa vor einer Agape-Feier mit dem Pfarrgemeinderat oder mit Gottesdiensthelfern in der Weihnachtszeit. Die Agape wird mit dem Trinken des Johannisweines begonnen.

Fest der Unschuldigen Kinder (28. Dezember)

Im Mittelalter war dieser Tag ein frohes Fest der Kinder. Damals war es Brauch, „daß die Kinder, die in den Klosterschulen erzogen wurden, am 28. Dezember einen Kinderbischof wählten, der für einen Tag das Kommando in der Schule übernahm. Im 13. Jahrhundert wurde dieser Tag vom 28. auf den 6. Dezember verlegt, auf den Festtag des heiligen Nikolaus. Dieser nahm nun die Gestalt des Kinderbischofs an, der in vollem Ornat die Schulen besuchte“[11].
Der Tag ist gut geeignet für die Kindersegnung. Nachmittags (oder im Anschluß an den Gottesdienst) kommen Eltern mit ihren Kindern zur Kirche und erhalten den Segen (vgl. Benediktionale, S. 34-37; vgl. auch: „Heute segnen“ – Werkbuch zum Benediktionale, S. 162-169) „Kindersegnung zur Weihnachtszeit“).
Wenn wir heute das Fest der Unschuldigen Kinder feiern, dann erinnert dieser Tag an den biblischen Bericht vom Kindermord in Betlehem durch König Herodes (vgl. Mt 2,16-18). Dieses schreckliche Geschehen macht zugleich noch einmal das ganze Ausmaß der Menschwerdung Gottes deutlich. Gott ist Mensch geworden, er ist als Kind in die Welt gekommen. Diese Botschaft von Weihnachten hat Konsequenzen: Wir können nicht mehr du sagen, ohne Ihn mitzumeinen. Wir können keinem mehr begegnen, der nicht Seine Züge trägt. Wir können keinem mehr weh tun, ohne Ihn mitzutreffen.

Anregungen für die Predigt

1. Gott selbst kommt als Kind – das ist die Botschaft von Weihnachten. Gott selbst mußte sich gleichsam Gedanken machen, wie er uns

11 Bernhard Kötting, Vielverehrte Heilige. Traditionen, Legenden, Bilder; Münster 1985, S. 100 f.

seine Liebe begreiflich machen sollte. Er wählte eine Gestalt, wie sie nicht deutlicher die Liebe zeigen könnte: ein kleines Kind. Nichts von Allmacht und Gewalt, Herrschaft und Größe, sondern er kommt in der zerbrechlichen, verletzlichen Gestalt des Kindes; ein Kind, das nur leben kann, wenn es geliebt wird.

2. In den Evangelien ist viel von Kindern die Rede. Jesus wendet sich ihnen immer wieder zu, und er vergleicht sie mit den Armen; beiden ist es leicht, ins Himmelreich zu kommen. Kindliche Haltung ist geradezu eine Vorbedingung dafür: Man muß das Reich Gottes annehmen wie ein Kind, werden wie die Kinder. In ihm, Christus, haben wir selbst die Möglichkeit, Kinder Gottes zu werden. „Allen aber, die ihn aufnahmen, gab er Macht, Kinder Gottes zu werden“ (Joh 1,12).

3. Wie stehen wir zum Kind? – das ist die Frage, die wir uns heute, am Festtag der Unschuldigen Kinder, wie auch darüber hinaus zu stellen haben. Mit einem momentanen Innehalten ist es nicht getan. In diesem Moment verhungern Kindern auf dieser Welt, werden Kinder ausgenützt und geschändet, sterben Kinder im Mutterleib. Das Gedächtnis der Unschuldigen Kinder bekommt eine bestürzende Aktualität. Wie weit ist das Reich Gottes von uns entfernt, wenn wir so mit Kindern umgehen?

Anmerkung: Zur Erinnerung an das alte Brauchtum – Kinder führten an diesem Tag das Regiment – haben die Kinder einen Wunsch frei. Sie können vorschlagen, was die Familie an diesem Tag miteinander tut.

Fest der Heiligen Familie

Am Sonntag in der Weihnachtsoktav wird das Fest der Heiligen Familie begangen. Fallen jedoch Weihnachten und sein Oktavtag auf einen Sonntag, dann wird es am 30. Dezember gefeiert.
Auch dieser Tag ist für die Kindersegnung geeignet; am Ende der Meßfeier, die als Familienmesse gefeiert werden kann, erhalten die Kinder einzeln den Segen. „Was Liedauswahl, Fürbitten und Ein-

führungsworte betrifft, wird man gut daran tun, vor allem dem weihnachtlichen Charakter des Tages Rechnung zu tragen und ihn als ein Fortklingen des Hauptfestes mit einer diskreten Eigenthematisierung erscheinen zu lassen."[12]

Sylvester – Jahresschluß

Der letzte Tag des Jahres ist für viele Menschen ein besonderer Tag. Das zu Ende gehende und neu beginnende Jahr ist Anlaß für eine fröhliche Feier – „Sylvester". Für manchen ist der Tag aber auch Anlaß zur Besinnung. Vielerorts ist es üblich, einen „Jahresschlußgottesdienst" zu feiern, als Andacht bzw. als Meßfeier. Das Liturgische Institut in Trier bietet in seiner Zeitschrift „Gottesdienst" alljährlich einen Jahresrückblick, den man in dieser Feier gut verwenden kann. Auch eine Rückschau auf das Jahr der Gemeinde sowie persönliche Besinnung sollte in der Feier einen Platz haben. Der Termin sollte nicht zu spät gewählt werden, damit die häusliche Feier am Abend nicht zu kurz kommt.
„Unserem Retter singen" – bittend und lobend ins neue Jahr. – Unter diesem Gedanken kann eine Andacht stehen, die vor dem mitternächtlichen Jahreswechsel beginnt und mit dem eucharistischen Segen für die versammelte Gemeinde endet. Besonders Alleinstehende könnten sich angesprochen fühlen; auch Jugendliche, die seit dem Abend schon Sylvester feiern, kommen in die Kirche, Ende und Anfang eines Jahres werden so in die Hände Gottes gelegt. Anschließend wird auf das neue Jahr angestoßen

***

12 François Reckinger, Gott begegnen in der Zeit. Unser Kirchenjahr, Paderborn 1986, S. 115.

Hochfest der Gottesmutter Maria – Neujahr

Die alte römische Kirche beging den 1. Januar unter dem Festgedanken der Weihnachtsoktav in marianischem Geist. Sie verband damit die Darstellung Jesu im Tempel als Ausdruck des jungfräulichen Opfers der Gottesmutter und der Kirche. Durch die fränkische Kirche ist später die Festfeier der Beschneidung Jesu hinzugekommen.

Papst Paul VI. erklärte den Neujahrstag zum Festtag der Gottesmutter und knüpfte damit an die alte römische Überlieferung an. Das Anliegen des Papstes war, der weihnachtlichen Festzeit auch ein Marienfest zu geben. Das heißt, am Oktavtag des Weihnachtsfestes wird das Festgeheimnis noch einmal gefeiert, im marianischen Sinn, im Hinblick auf die Gottesmutter, die Jesus geboren hat. Gleichsam eine „Synaxis", eine Mitfeier Mariens, wie es die orthodoxe Kirche am 26. Dezember tut (vgl. S. 83, Anm. 9); eine Wiederholung des 25. Dezember – diesmal im Hinblick auf den Menschen Maria.

So heißt es im Tagesgebet:

> Barmherziger Gott,
> durch die Geburt deines Sohnes
> aus der Jungfrau Maria
> hast du der Menschheit das ewige Heil geschenkt.
> Laß uns (auch im neuen Jahr) immer und überall
> die Fürbitte der gnadenvollen Mutter erfahren,
> die uns den Urheber des Lebens geboren hat,
> Jesus Christus,
> deinen Sohn, unseren Herrn und Gott,
> der in der Einheit des Heiligen Geistes
> mit dir lebt und herrscht in alle Ewigkeit.

In der Ersten Lesung wird der Aaron-Segen vorgetragen; der älteste, umfassendste Segen der Bibel. Was Segen bedeutet, verdeutlicht der Text der Lesung mit den Worten: „Der Herr lasse sein Angesicht über dich leuchten."

Die liebevolle Zuwendung Gottes möge uns auch im kommenden Jahr begleiten. So singen wir im Antwortpsalm am Neujahrstag:

„Gott sei uns gnädig und segne uns ... Es segne uns Gott. Alle Welt fürchte und ehre ihn" (aus Psalm 67).
Im Blick auf Maria: Die niedrige Magd hat bei Gott Ansehen gefunden (vgl. Magnifikat). Gott beruft eine Frau aus dem Volke zur Segensträgerin („gesegnet ist die Frucht deines Leibes"). Sie gibt dem Wort Gottes Raum in ihrem Leben und schenkt es der Welt in Jesus Christus.
Maria erfüllt den Auftrag Gottes an Abraham: „Ein Segen sollst du sein, und durch dich sollen alle Geschlechter der Erde Segen erlangen" (Gen 12,2 f).
Die Zweite Lesung aus dem Galaterbrief (Gal 4,4-7) enthält die einzige Stelle, an der Paulus von der Mutter Jesu spricht (Gal 4,4). Sie wird hier als Zeugin angeführt, daß der Sohn Gottes ein wirklicher Mensch war. (Weiterhin verweist Paulus auf die Gottessohnschaft eines jeden Christen; die Befreiung vom Gesetz, den Geist, der in unseren Herzen ruft: „Abba, Vater!".)
Bis zur Liturgiereform wurde an diesem Tag das kürzeste Evangelium des Jahres verlesen, welches bloß aus einem einzigen Vers bestand (Lk 2,21). In der Zwischenzeit sind daraus sechs Verse geworden (vgl. Lk 2,16-21).
Zentrale Worte des Evangeliums sind: der Name Jesus – Gott ist Heil – (V. 21) und „Maria bewahrte alles, was geschehen war, in ihrem Herzen" (V. 19).
Der Oktavtag von Weihnachten fällt mit dem Beginn des neuen Jahres zusammen. Für viele Gottesdienstbesucher steht dieser Jahresanfang emotional im Vordergrund. Da die „Messe zum Jahresbeginn" an diesem Tag nicht genommen werden soll, ist es sinnvoll, in der Begrüßung bzw. Predigt darauf einzugehen und von daher die Verbindung zum Weihnachtsfest und zum Marienfest zu knüpfen.
Erfreulicherweise bezieht das Meßformular vom Hochfest wenigstens durch einen Zusatz in Klammern das Tages- und Gabengebet auf das neue Jahr.

***

Hochfest der Erscheinung des Herrn

Wann ist das Weihnachtsfest des Ostens – Theophanie/Epiphanie – zum ersten Mal gefeiert worden? Anfang des 3. Jahrhunderts feierten die Basilidianer, eine christlich-gnostische Sekte, am 6. Januar das Fest der Jordan-Taufe Jesu, in Verbindung mit der Menschwerdung Christi, die allerdings doketisch (als Schein-Inkarnation) verstanden wurde. Nach ihrem Verständnis war die Taufe im Jordan durch die Herabkunft des Geistes die eigentliche Zeugung und Geburt des Sohnes.

Erst am Ende des 3. und zu Anfang des 4. Jahrhunderts wird in Ägypten, näherhin Alexandrien, am 6. Januar von der Großkirche das Erscheinen der Herrlichkeit des Herrn in Geburt und Taufe Jesu gefeiert.

Es spricht vieles dafür, daß das Datum – ähnlich wie das Geburtsfest am 25. Dezember – in Rom von einem heidnischen Fest beeinflußt wurde.

In der Nacht vom 5. auf den 6. Januar wurde der Geburtstag des alexandrinischen Stadt-Gottes Äon aus der Jungfrau Kore gefeiert; Aion, der Gott der Zeit und der Ewigkeit.

Da die Aionverehrung „eine der zentralen religiösen Ideen des Orients" bedeutete, hat man offenbar dieses heidnische Fest durch das christliche Fest ablösen wollen und wohl auch darum mit dem Epiphaniefest eine Fülle von Inhalten verbunden (Geburt Christi, Anbetung durch die Magier, Taufe Jesu, das Wunder zu Kana).

Es handelt sich also auch hier um ein „Konkurrenzfest", um die Verchristlichung einer heidnischen Feierlichkeit. Möglicherweise haben zwei weitere heidnische Bräuche – nämlich das Fest der Nilschwemme und die Begehung eines Weinwunderfestes der Göttin Osiris dazu beigetragen, daß die Perikopen von der Taufe Jesu und der Hochzeit zu Kana sich als Festinhalte der Theophanie besonders ausprägten.

Als man später, Ende des 4. Jahrhunderts, von der westlichen Kirche das Weihnachtsfest übernahm, wanderte das Motiv der Geburt, der Menschwerdung Gottes, vom 6. Januar auf den 25. Dezember.

Der 6. Januar stand jetzt im Osten vernehmlich im Zeichen der

Taufe Jesu. Auch das Wunder von Kana und die Magier wurden mitbedacht. Das Datum wurde zu einem großen Tauftermin, woran heute noch die großen Wasserweihen (auch Flüsse) erinnern. In der zweiten Hälfte des 4. Jahrhunderts breitete sich das Fest Epiphanie rasch in den Kirchen des Ostens wie des Westens aus und gelangte über Gallien, Spanien und Norditalien auch nach Rom, wo es jedoch noch eine tiefgreifende Veränderung erfuhr. In Rom und Nordafrika trennte man die Anbetung der Magier vom Festgegenstand des 25. Dezember ab und machte sie zum einzigen Gehalt des neuen Festes. In Rom wurde der Gesamtzusammenhang – Weise – Taufe – Kana – auseinandergefaltet.

Am 6. Januar stand die Anbetung der Weisen im Mittelpunkt, am Oktavtag von Epiphanie (13. Januar) gedachte man der Taufe Jesu, am Sonntag darauf der Hochzeit zu Kana.

So wurde der 6. Januar zum „Tag der Heiligen Drei Könige“ in einem engeren Sinn.

Norditalien, Gallien und Spanien dagegen übernahmen zusätzlich zu diesem Motiv auch die beiden orientalischen Themen „Taufe Jesu“ und „Hochzeit zu Kana“. Auf diese Weise schufen sie den „Tribus miraculis ornatus dies“ – „Drei Wunder heiligen diesen Tag“ – eine der schönsten und tiefsinnigsten Konzeptionen, die je die Liturgie geschaffen hat, und die ihren Niederschlag in der Benedictus- und Magnificat-Antiphon gefunden hat.[13]

Die römische Liturgie hat – nach anfänglichem Widerstreben, die beiden orientalisch-gallischen Motive (Taufe und Weinwunder zu Kana) ins Stundengebet des Festes übernommen. Das Meßformular dagegen blieb bis heute ausschließlich auf die Thematik der Anbetung der Magier zentriert.

Die Ostkirche dagegen hat den Gesamtzusammenhang bewahrt. Deshalb nennen die Christen in Griechenland und Rußland das Fest „Hochfest der heiligen Theophanien unseres Herrn Jesus Christus“. Wir feiern Weihnachten von der Christmette an bis zum Sonntag nach Erscheinung des Herrn, der Taufe Jesu; feiern wir diesen Tag als ein Ganzes, als das *eine* Geheimnis der Menschwerdung, der Offenbarung Gottes!

13 Vgl. Reckinger, aaO., S. 125.

„Drei Wunder heiligen diesen Tag" – Eine Predigt

Kardinal Hermann Volk pflegte am Fest Epiphanie – Erscheinung des Herrn – gerne das Festgeheimnis in einem Bild auszudrücken. Er sagte sinngemäß: „Wir sprechen immer von dem Weihnachtsfestkreis. Aber es ist eigentlich gar kein Kreis; es ist eher eine Ellipse mit zwei Brennpunkten": Der erste Brennpunkt ist die Heilige Nacht; wir feiern, daß der Sohn Gottes unsere Menschennatur angenommen, sichtbar im Fleisch erschienen ist. Gott kommt als Kind; er ist wahrer Mensch.

Der zweite Brennpunkt ist der heutige Tag, der 6. Januar, das Fest der Erscheinung des Herrn. Heute ist der Blick auf die göttliche Größe des Kindes gerichtet. Heute wird das Geheimnis Gottes, seine Größe, seine Herrlichkeit, sein Königtum der Welt offenbar. Wenn auf vielen Kalenderblättern – manchmal leider auch in Pfarrbriefen – am 6. Januar „Dreikönig" steht, dann ist diese landläufige Bezeichnung von dem eben Gesagten eher mißverständlich. Es ist kein Heiligenfest, sondern ein Herrenfest; es geht um Christus, der als der Herrscher, der Herr, erschienen ist und die Macht und das Reich in seiner Hand hält, wie es der Eröffnungsvers der Meßfeier kündet.

Die schönen Antiphonen dieses Festtages, die von der Festgeschichte her verstehbar werden, sind durch ein entscheidendes Wort gekennzeichnet: Heute! Gregor von Nazianz hat als erster den Gedanken des Heute, des liturgischen Heute, ausgesprochen, das in die Liturgie des Abend- und Morgenlandes übergegangen ist.

> *Heute* wurde die Kirche dem himmlischen Bräutigam vermählt:
> Im Jordan wusch Christus sie rein von ihren Sünden.
> Die Weisen eilen mit Geschenken zur königlichen Hochzeit,
> Wasser wird in Wein verwandelt und erfreut die Gäste.
> Halleluja. (Benedictus-Antiphon)

Drei Wunder heiligen diesen Tag:
- Heute führte der Stern die Weisen zum Kind in der Krippe.
- Heute wurde Wasser zu Wein bei der Hochzeit.

– Heute wurde Christus im Jordan getauft, uns zum Heil. Halleluja. (Magnificat-Antiphon)

Heute geschieht das, was wir hören. – Das Mysterium, das in der Liturgie begangen wird, ist die Vergegenwärtigung der göttlichen Heilstaten, die nicht bloße Erinnerung, sondern sakramentales Gegenwärtigsein bedeutet.

Wenn wir als Antwortgesang singen: „Werde licht, Jerusalem ... dein Licht ist uns erschienen ...“ – so besingen wir das, was jetzt wirklich geworden ist: Gottes Herrlichkeit ist unter uns. Auch die Präfation sagt es uns noch einmal: „... *heute* enthüllst du das Geheimnis unseres Heiles, *heute* offenbarst du das Licht der Völker, deinen Sohn Jesus Christus.“

Die liturgischen Gewänder, die Gesänge, die Riten, sie wollen unseren Blick für diese Wirklichkeit öffnen. Und die Gebärde des Kniens könnte uns an diesem Tag ebenfalls das Geheimnis berühren lassen: Wie die Magier knien wir nieder, heute!, und beten an.

Es wird erzählt, der heilige Hieronymus sei einmal von einem kritischen Zeitgenossen gefragt worden, ob er denn meine, die Hochzeitsgäste bei der Hochzeit in Kana hätten diese Unmengen von Wein ausgetrunken. Es handelte sich immerhin um etwa 600 Liter. Ob sie dann nicht völlig betrunken gewesen sein müßten? Hieronymus habe darauf geantwortet: „Wir trinken heute noch davon.“

Wir trinken heute noch davon. Die Geschichte, das Wunder, die Epiphanie geht also weiter. Wie Jesus damals die menschliche Armut eines Brautpaares mit übergroßer Fülle reich machte, wie er aus fünf Broten und zwei Fischen genug Nahrung schenkte für Tausende von Menschen, so erfüllt er auch unsere menschliche Armut mit seinem göttlichen Reichtum – heute!

Menschliche Armut und göttlicher Reichtum, das ist das Thema der Menschwerdung, das wir zu Weihnachten gefeiert haben. Der Herr kommt in die Niedrigkeit und Armut dieser Welt. In seiner menschlichen Gestalt ist die Fülle der Gottheit leibhaftig gegenwärtig.

Menschliche Armut und göttlicher Reichtum, das zeigt sich uns besonders in der Eucharistie, wo im schwachen Menschenwort Gott selbst zu uns spricht, wo Brot und Wein, die unscheinbare Frucht der Erde und unserer Arbeit, zu Fleisch und Blut des Herrn werden. Oder die Kirche! Sie zeigt sich oft genug in ihrer erbärmlichen

Gestalt; dennoch ist sie die heilige Gemeinschaft, die heilige Braut, mit der Christus sich vermählt, wie es in der Benedictus-Antiphon heißt. All das ist mehr als eine Information, das wird uns verkündet. Das wird uns für unser Leben gesagt, das wir so gut in seiner erbärmlichen Hinfälligkeit und Beschränktheit kennen und das dennoch hineingenommen werden soll, ja schon einbezogen ist in das Leben Gottes selbst – seit der Taufe. Hier wird Epiphanie in unserem persönlichen Leben greifbar.

Der wunderbare Tausch, die Verwandlung der menschlichen Armut in den Reichtum Gottes, vollzieht sich überall. Und sie kostet den Herrn das Leben. Er gibt sich in den Tod für uns, damit wir an seinem göttlichen Leben Anteil bekommen.

„Der Evangelist Johannes spricht nicht davon, wie die Hochzeitsgäste auf diese unglaubliche Fülle Wein reagiert haben. Jetzt – heute – aber sind wir die Hochzeitsgäste. Und wir stehen etwas ratlos vor diesem Geschenk des Herrn und sind versucht zu fragen, ob er das denn wirklich ernst meine, daß er uns sich selbst schenken will, daß er unser Leben in sein göttliches Leben hineinverwandeln will. Er meint es ernst, wir wissen es wohl. Und wir müssen lernen, Ja dazu zu sagen, Ja dazu, daß die Fülle der Gottheit sich in menschlicher Armut zeigen will, Ja, daß er für uns sein Leben hingibt und den Tod stirbt, den wir verdient hätten, Ja, daß wir so restlos auf ihn angewiesen und von ihm beschenkt sind.

Das fällt uns nicht leicht. Wir sind nicht so gerne die Beschenkten, oft lieber selbst die Schenkenden. Lassen wir uns also so gut es geht von seiner Liebe überwältigen, im Leben, in der Feier der Eucharistie, in der das alles mitten unter uns und an uns geschieht, und lernen wir von seinen Jüngern, von denen der Evangelist sagt: ‚Er offenbarte seine Herrlichkeit, und sie glaubten an ihn' " (Franziskus Eisenbach).

Festankündigung an Epiphanie

Das „Ceremoniale episcoporum" für Domkirchen empfiehlt für das Hochfest der Epiphanie die Pflege eines alten Brauches: „Dem jeweiligen Ortsbrauch entsprechend soll ein Diakon oder ein Mitglied

des Domkapitels, ein Benefiziat oder sonst ein Geistlicher mit dem Chormantel bekleidet nach dem Evangelium vom Ambo aus dem Volk die beweglichen Feste des laufenden Jahres ankündigen."
Seit alter Zeit wurde – vor allem in den Ostkirchen – an Epiphanie das Datum des kommenden Osterfestes bzw. die vom Ostertermin abhängigen weiteren Feste verkündet. Der Brauch geht darauf zurück, daß die Kirche von Alexandrien alljährlich in einem am Epiphaniefest veröffentlichten Osterbrief den anderen Kirchen den Ostertermin mitteilte.
„In einer Zeit, in der das Wissen um den Rhythmus des liturgischen Jahres und dem Gehalt selbst der höchsten Kirchenfeste immer mehr zu schwinden droht, kommt diesem Ritus nicht nur in der Domliturgie, sondern auch im Gemeindegottesdienst eine neue pastorale Bedeutung zu." Das Deutsche Liturgische Institut in Trier bzw. das „Neue Werkbuch zum Gotteslob" (Lesejahr B) bieten dazu Vorlagen, die den entsprechenden Text, zum Singen eingerichtet, enthalten. Die geeignete Stelle dieser Ankündigung ist vor dem Segen und dem Entlassungsruf.
„Heute feiern wir, liebe Schwestern und Brüder, das Fest der Erscheinung unseres Herrn Jesus Christus. Er kam in diese Welt und ist bei uns alle Tage und Jahre, bis zum Ende der Zeiten. Ein neues Jahr hat begonnen, und ich künde in Freude die Feste an, die uns im Jahr des Heiles ... (Jahreszahl) erwarten. Der hl. Ostertag, das Fest der Feste, am Sonntag, dem ... (Datum) dieses Jahres. Wir feiern den Tod und die Auferstehung des Herrn in der Heiligen Woche und bereiten uns auf diese großen Tage vor in den 40 Tagen der Fastenzeit. Am Aschermittwoch, dem ... (Datum) dieses Jahres, beginnen wir diese Zeit der Buße und Erneuerung. Die Osterzeit feiern wir 50 Tage, am ... (Datum) das Fest der Himmelfahrt des Herrn und am ... (Datum) das Hochfest von Pfingsten, an dem der Heilige Geist auf die Jünger herabkam. (Am Donnerstag, dem ... [Datum] begehen wir den Fronleichnamstag und ehren in einer feierlichen Prozession den Leib des Herrn.) Am Sonntag, dem ... (Datum) feiert unsere Gemeinde das Fest der Weihe ihrer Kirche."[14]

14 Text der Festankündigung an Epiphanie aus dem „Neuen Werkbuch zum Gotteslob", Lesejahr B, Freiburg 1990, S. 233 ff.

Sternsinger und Haussegnung an Epiphanie

Die Bibel nennt sie Magier, nicht Könige, und sie sagt auch nicht, daß es drei waren. Die Dreizahl folgerte man aufgrund der Geschenke, die sie dem Jesuskind brachten: Gold, Weihrauch und Myrrhe. Wegen der Erlesenheit ihrer Geschenke deutete man sie im 6. Jahrhundert als Könige. Dabei dürfte auch die Aussage der alttestamentlichen Lesung des Tages (Jes 60,1-6) Pate gestanden haben: „Völker wandern hin zu deinem Licht und Könige zu deinem strahlenden Glanz“, sowie der Antwortpsalm: „Die Könige von Tarschisch und von den Inseln bringen Geschenke, die Könige von Saba und Seba kommen mit Gaben“ (Ps 72,10).

Im 9. Jahrhundert kamen allgemein ihre Namen auf: Sie sollten den ganzen Erdkreis vertreten. Kaspar ist ein indischer, Balthasar ein babylonischer und Melchior ein hebräischer Name. Seit dem 12. Jahrhundert stellt man häufiger einen der Könige als Afrikaner da. Ihre Geschenke, die sie dem Jesuskind brachten, wurden unterschiedlich gedeutet:

- Gold als Tribut, „weil er der oberste König ist“,
- Weihrauch „wegen seiner Gottheit“,
- Myrrhe „zum Begräbnis, weil er Mensch war“.

Die „Legenda aurea“ deutet die Geschenke weniger spirituell: „Wegen der Armut Marias opfern sie Gold, Weihrauch gegen den Stallgeruch, Myrrhe gegen das Ungeziefer.“

Nach der Überlieferung werden die Gebeine der drei Könige im Kölner Dom verehrt. In der Volksfrömmigkeit hat sich der schöne Brauch ausgebildet, daß die Sternsinger in den Tagen um den 6. Januar durch die Gemeinden ziehen, die Häuser segnen und so auf Christus verweisen. Das Benediktionale sieht eine Segnung und Aussendung der Sternsinger im Rahmen des Gottesdienstes vor.[15] Falls es tatsächlich keine Sternsinger in der Gemeinde gibt, kann man kleine Kreidestücke segnen und einladen, den Segensspruch 19 C+M+B 93 selbst über die Türen der Häuser zu schreiben.

15 Benediktionale S. 40 f.; vgl. Werkbuch zum Gotteslob (Advent/Weihnachtszeit), Freiburg ²1975, S. 241 f.

Anregungen für die Einladungen

Liebe Sternsinger!

Nach den guten Erfahrungen im vergangenen Jahr möchten wir uns auch dieses Mal wieder an der Sternsingeraktion beteiligen.
Ich fände es prima, wenn sich viele finden, die mithelfen, die Familien zu besuchen, um Gottes Segen in die Häuser unserer Gemeinde zu tragen.
Mit den zusammengetragenen Spenden können wir mithelfen, daß Kinder in aller Welt heute leben können und so das Leben für alle Menschen ein Stück lebenswerter wird.
Wenn Du gerne bei dieser Aktion mitmachen willst, sage bitte im Pfarrbüro oder bei Deinem Gruppenleiter Bescheid.

Euer ...

Die Sternsinger kommen

Das Dreikönigssingen ist ein jahrhundertealter Brauch der Christen in unserer Heimat. Kinder ziehen als Könige verkleidet singend von Haus zu Haus und bitten um eine Spende für Kinder in der Dritten Welt. Mit Kreide schreiben sie 19 – C + M + B – 93 an die Türen. Das bedeutet: Christus mansionem benedicat (Christus segne dieses Haus).

Haben Sie sich schon in die Liste in der Kirche eingetragen oder den unteren Abschnitt in der letzten Gottesdienstordnung in den Kasten eingeworfen? Dann kommen die Kinder auch zu Ihnen.

Der Besuch der Sternsinger würde mich freuen. Er ist bei mir möglich am

..., den 6. Januar	10-13 Uhr	☐	________________ Name
	15-18 Uhr	☐	________________ Straße, Hausnummer
..., den 7. Januar	10-13 Uhr	☐	________________
	15-18 Uhr	☐	Telefon

***

Taufe des Herrn

Die Liturgiereform hat – wohl im Hinblick auf die Kirchen des Orients – die Thematik der Taufe des Herrn aufgewertet, in dem sie das herkömmliche Gedächtnis vom 13. Januar (dem Oktavtag von Epiphanie) zu einem eigenen Fest am Sonntag nach dem 6. Januar erhob.
Auch wurde ein eigenes Gebetsformular geschaffen, mit einer spezifischen Präfation: „Die Offenbarung des Geheimnisses Jesu am Jordan“.

> In Wahrheit ist es würdig und recht, dir, allmächtiger Vater, zu danken und dein Größe zu preisen. *Denn bei der Taufe im Jordan offenbarst du das Geheimnis deines Sohnes durch wunderbare Zeichen: Die Stimme vom Himmel verkündet ihn als deinen geliebten Sohn, der auf Erden erschienen ist, als dein ewiges Wort, das unter uns Menschen wohnt. Der Geist schwebt über ihm in Gestalt einer Taube und bezeugt ihn als deinen Knecht, den du gesalbt hast, den Armen die Botschaft der Freude zu bringen.* Darum singen wir mit den Engeln und Erzengeln, den Thronen und Mächten und mit all den Scharen des himmlischen Heeres den Hochgesang von deiner göttlichen Herrlichkeit.

Verteilt über die drei Lesejahre liest man die Berichte von der Taufe Jesu (Mt 3,13-17par) mit den beiden jedes Jahr gleichbleibenden Lesungen Jes 42,1-7 und Apg 10,34-38. (In den Lesejahren B und C wird zusätzlich jeweils eine Lesung als Alternative angeboten.)
Als Antwortpsalm erklingt Psalm 29, der in christlicher Tradition mit der Taufe Jesu in Zusammenhang gebracht wird.
Das Tagesgebet I spannt den Bogen von der Taufe Jesu hin zu unserer Taufe:

> Allmächtiger, ewiger Gott,
> bei der Taufe im Jordan
> kam der Heilige Geist auf unseren Herrn Jesus Christus herab,
> und du hast ihn als deinen geliebten Sohn geoffenbart.
> Gib, daß auch wir,
> die aus dem Wasser und dem Heiligen Geist wiedergeboren sind,
> in deinem Wohlgefallen stehen
> und als deine Kinder aus der Fülle dieses Geistes leben.
> Darum bitten wir durch Jesus Christus.

Taufgedächtnis

Dieser Aspekt des Tagesgebetes könnte schon zu Beginn der Feier in Form des sonntäglichen Taufgedächtnisses bzw. der Weihwassersegnung deutlich hervortreten, die – außer in der Osternacht (und an Epiphanie) – meist „hinter den Kulissen“ geschieht.
Gesänge wie: „Ich bin getauft und Gott geweiht“ (GL 635; vgl. Neues Werkbuch zum Gotteslob) oder auch das gemeinsam gesprochene (!) Dankgebet für die Taufe (GL 50,2) vergegenwärtigen die Epiphanie Gottes in unserem Leben und stärken das Bewußtsein vom gemeinsamen Priestertum aller Glaubenden.

Eine Wassersegnung[16]

Das Diözesanrituale von Linz enthält für das Fest der Taufe Jesu einen Ritus der Wassersegnung. Er kann auf zweierlei Art eingesetzt werden:

16 Vgl. „Gottesdienst“ 24/1992.

– Beim sonntäglichen Taufgedächtnis wird das Segensgebet über das Wasser (MB, S. 1207-1209 [1171-1173]) durch das eigene Segensgebet ersetzt;
– Die Wassersegnung wird erst im Anschluß an die Homilie vorgenommen und mit dem Glaubensbekenntnis und den Fürbitten verbunden (Hans Hollerweger).

Segensgebet:
Z: Gepriesen bist du, Herr, unser Gott!
K: Du hast das Wasser zum Zeichen des Heiles gemacht. Wir loben dich. – *A:* Wir preisen dich.
K: Dein Sohn stieg in den Jordan, um uns von den Sünden zu reinigen. Wir loben dich. – *A:* Wir preisen dich.
K: Du hast uns in der Taufe als deine Kinder angenommen. Wir loben dich. – *A:* Wir preisen dich.
K: Ehre sei dem Vater und dem Sohn und dem Heiligen Geist.
A: Wie im Anfang, so auch jetzt und alle Zeit und in Ewigkeit. Amen.
Z: Lasset uns beten: Herr, unser Gott. Am heutigen Tag ist dein eingeborener Sohn in das Wasser des Jordans gestiegen, um es zu heiligen. Dein Geist kam auf ihn herab, und du hast ihn als deinen geliebten Sohn bezeugt. Er hat sich eingereiht in die Schar der sündigen Menschen, um sie von der Knechtschaft der Sünde zu befreien und zur Freiheit der Kinder Gottes zu führen. So hat er das Wasser zum Zeichen des Heiles gemacht, damit wir in ihm wiedergeboren werden zum göttlichen Leben. Sende deinen Heiligen Geist auch auf dieses Wasser herab + und heilige es. Wenn wir uns damit bezeichnen, wollen wir in Dankbarkeit unserer Berufung in der Taufe gedenken. Dein Heiliger Geist erfülle uns und leite uns die rechten Wege, damit wir in Wort und Tat Zeugnis geben für dich, unseren himmlischen Vater. Darum bitten wir durch Jesus Christus, unseren Herrn. – *A:* Amen.
Jetzt wird das Wasser den Gläubigen gereicht, um sich damit zu bezeichnen, oder es wird über sie ausgesprengt.

Auch ein Hinweis auf das *Vater unser*, als das erste (gemeinsame) Gebet der Neugetauften, läßt den Zusammenhang von der Taufe Jesu und unserer Taufe deutlich werden: „In der Taufe haben wir den Geist empfangen, der uns zu Kindern Gottes macht ...“

- Die Taufe gibt Anteil an der Gottessohnschaft: „Durch die Taufe heißen wir Kinder Gottes, und wir sind es. Darum laßt uns beten ..."
- Das bewußte Sprechen des Credo – als Erneuerung des Taufversprechens – wäre ein weiterer Akzent.

Eine *Vesper* mit Taufgedächtnis könnte die Weihnachtszeit festlich abschließen.

Eine Taufe innerhalb der Eucharistiefeier (z.B. im Rahmen eines Familiengottesdienstes) bzw. das Taufgedächtnis in Form einer Katechese (s. nachfolgendes Beispiel) sind ebenfalls denkbare Elemente.

„Mein Tauftag" – Eine Zeichenpredigt für Kinder

Materialien: Kalenderblätter von einem Abreißkalender, die den Kindern vor dem Gottesdienst ausgeteilt werden.

Predigt:
Vor dem Gottesdienst hat jeder von euch ein Kalenderblatt erhalten. Ihr dürft es jetzt ruhig zur Hand nehmen. Ich habe die Blätter einfach aus einem neuen Kalender herausgerissen. Lest doch mal vor, was auf eurem Blatt steht. (Einige Kinder lesen das Datum vor.) Könnt ihr mit diesem Datum – so nennt man das, was da drauf steht –, der 17. Februar, der 15. Oktober, etwas anfangen? Sagt euch das etwas? Wahrscheinlich nicht, irgendein Tag, den ihr zufällig bekommen habt – und ihr wißt noch nicht, was an diesem Tag des neuen Jahres sein wird.
Aber einen Tag im kommenden Jahr, den kennt ihr sicher, auf den freut ihr euch jetzt schon. Denn dieser Tag im Jahr 19... hat viel mit euch zu tun. Da dürft ihr persönlich etwas feiern. Welchen Tag meine ich? – Richtig, euren Geburtstag!
Sagt mir doch schnell euren Geburtstag. (Kinder nennen ihr Geburtsdatum.)
Klar, den Geburtstag muß man kennen; den Tag, an dem wir geboren wurden. Das ist ein wichtiger Tag, ein wichtiges „Datum"; Datum heißt: „gegeben". Dieser Tag ist uns von Gott gegeben.

Vielleicht kennt ihr noch andere Tage, die in diesem Jahr 19... wiederkommen und mit denen ihr etwas verbindet (an dem ihr etwas Persönliches feiern dürft). Ihr alle habt einen Vornamen. – Ja, ein weiterer wichtiger Tag ist euer Namenstag!
Wer kenn denn seinen Namenstag? Wann feiert ihr euren Namenstag? (Kinder nennen gegebenenfalls ihren Namenstag.)
Wer ihn jetzt nicht weiß, der kann nachher einmal zu mir kommen; ich habe da ein schlaues Buch, in dem wir nachschauen können; dann wißt ihr euren Namenstag.
Geburtstag, Namenstag – zwei wichtige Tage in unserem Leben, die wir im kommenden Jahr feiern dürfen.
Und es gibt noch einen dritten Tag, der wichtig ist und den wir ebenfalls feiern und nicht vergessen wollen.
Welchen Tag meine ich wohl?
Er hängt mit dem heutigen Festtag zusammen. Ich habe es am Anfang des Gottesdienstes gesagt: Wir feiern heute das Fest der Taufe Jesu, den Tag, an dem Jesus von Johannes getauft wurde.
Und da kam mir der Gedanke: Wir sind ja auch getauft.
Dann dürften wir doch auch unseren Tauftag feiern;
– den Tag, an dem Gott zu uns gesagt hat: „Du bist mein geliebtes Kind, du gehörst ganz zu mir";
– den Tag, an dem eure Eltern euch auch zum ersten Mal in dieses Gotteshaus, die Kirche, gebracht haben;
– den Tag, an dem ihr euren Namen bekommen habt, wo ihr Christen geworden seid.
Wer von euch kennt denn seinen Tauftag? (Aller Voraussicht nach großes Schweigen.)
Ich mache euch einen Vorschlag: Fragt doch heute noch eure Eltern, wann ihr getauft wurdet. Bittet sie, einmal im Familienstammbuch nachzusehen. Da steht das genaue Datum eurer Taufe und auch der Name des Priesters oder Diakons, der euch getauft hat. Ich glaube, das könnte ein ganz spannender Sonntagnachmittag werden, wenn ihr auf die Suche nach eurem Tauftag geht.
Das Kalenderblatt, das ihr von hier nach Hause mitnehmt, soll euch daran erinnern. Und wenn ihr euren Tauftag herausgefunden habt, dann macht ihr ein rotes Kreuz oder einen dicken Strich auf euren erst wenige Tage alten Kalender zu Hause. Und wenn der Tag kommt, wißt ihr: Das ist *mein* Tauftag. Vielleicht entzündet ihr dann

auch eure Taufkerze, und eure Eltern zeigen euch euer Taufkleid. Tragt auch den Tauftag von euren Eltern und Geschwistern in den neuen Kalender ein. (Das Jahr ist ja erste wenige Tage alt.)
So dürfen wir uns zu Beginn dieses Jahres schon jetzt freuen auf die von Gott geschenkten Tage: unseren Geburtstag, unseren Namenstag und nicht zuletzt unseren Tauftag.

„Wie die Rebe mit dem Weinstock ..." – Eine Predigt für Erwachsene

Manche Gebete haben es wirklich in sich. In unserem Gotteslob steht ein sehr schönes Dankgebet für die Taufe; wir werden es später noch miteinander sprechen. Es heißt dort: „Ich danke dir, Jesus Christus, Sohn des Vaters. Wie die Rebe mit dem Weinstock, so bin ich mit dir verbunden; ich bin Glied an deinem Leib, aufgenommen in das heilige Volk zum Lob der Herrlichkeit des Vaters" (GL 50,2).
Ein schönes Bild, ein schöner Vergleich:
In der Taufe, so sagt das Gebet, wurden wir gleichsam eingepflanzt in den Weinstock Christus (vgl. Röm 6,5: complantati). Unwillkürlich fällt mir da das Wort aus dem Johannesevangelium ein: „Ich bin der Weinstock, ihr seid die Rebzweige"; ein Bild, das sehr schön die Verbundenheit eines Christen mit Christus ausdrückt: Wie Weinstock und Rebe zusammengehören, so gehören wir zu ihm; in der Taufe sind wir Glieder an seinem Leib geworden.
Zwischen den Jahren habe ich einige Tage an der Mosel verbracht. Dort gibt es ja eine Menge Weinberge. Aber im Winter sehen die Weinstöcke gar nicht schön aus; wie verdorrt und abgestorben schauen sie aus dem Boden – die Reben ausgetrocknet ohne Saft und Kraft.
Da fiel mir dieses Jesus-Wort ein: „Ich bin der Weinstock – ihr seid die Rebzweige" und auch das Gebet „Wie die Rebe mit dem Weinstock, so bin ich mit dir verbunden". Unwillkürlich mußte ich mir die Frage stellen: Sieht so meine Verbindung mit Christus aus? Ein alter knorriger Weinstock, an dem noch einige Reben hängen?
Beim Weitergehen dachte ich auch an die Kirche. Das Bild vom Weinstock und den Rebzweigen wird ja oft als ein Bild gebraucht, wie die Kirche – wie *wir* leben sollen: in einer lebendigen Verbindung mit Christus.

Ist das aber nicht gerade die heutige Situation der Kirche? Dürr, ausgetrocknet, ohne Leben? Vor einigen Monaten sagte einmal ein Bischof im Radio, unsere Kirche erlebe heute eine Art Winter, nachdem im Gefolge des Konzils Frühlingsstimmung geherrscht habe. Außenstehende sagen sogar: Die Kirche, sie wird sterben – Jesus ist vergangen und vergessen. New age – ein neues Zeitalter zieht herauf. Immer mehr Kirchenaustritte sind zu verzeichnen; die Ordensgemeinschaften – so schrieb unlängst eine Illustrierte – sind schon gestorben. Es ist nur noch eine Frage der Zeit, wann die Kirche ganz verschwunden sein wird.

So ein düsteres Bild könnte man sich ausmalen, wenn man durch einen winterlichen Weinberg geht und diese alten Weinstöcke sieht. Allerdings, als Sohn eines Winzers weiß ich, daß der Weinstock, wie er jetzt ist – nicht bleibt. Im Frühjahr ändert sich das Bild. Der Stock treibt aus. Wenn man dann durch die Weinberge geht, sieht man überall sprossendes Leben, sieht man wieder kraftvolle Reben und Blüten und bald auch Früchte.

Ich glaube, daß dieser Zustand des Wachsens und des Fruchtbringens – die kraftvolle Verbindung von Rebe und Stock – das richtigere Bild ist für uns, für die Kirche.

Durch die Taufe werden wir alle mit dem Leib Christi verbunden – wie die Rebe mit dem Weinstock, und dieser Weinstock ist nicht tot und nicht abgestorben. Ich glaube sogar, daß wir miterleben können, daß der Weinstock Zweige austreibt.

Wenn ein Bischof daran erinnert, daß sich die Kirche in einer winterlichen Zeit befindet, dann liegt darin auch ein Stück Zuversicht und Hoffnung. Auch eine Art Ermahnung, im Winter wieder neue Kräfte zu sammeln, sich zu öffnen, daß der Weinstock Christus seine Frucht durch uns hindurch bringen kann. Dann wird aus einer winterlichen Kirche eine Kirche des Frühlings, des Aufbruchs, des neuen Lebens.

Das darf unsere Hoffnung sein – bei allem schlechten Reden über Kirche und Glauben –, daß wir mit dem wahren Weinstock Christus verbunden sind – seit der Taufe.

Und wenn wir etwas tun wollen, daß wir als Gemeinde, als alle, die an Christus glauben, eine Zukunft haben, dann laßt uns um nichts anderes Sorge haben als um die Zugehörigkeit zu Jesus, dem Weinstock, und darum, daß wir in ihn immer tiefer hineinwachsen.

So wie ein Rebzweig, der abgeschnitten wird, verdorrt, so ist es mit einem Christen, der die Verbindung zu Jesus aufgibt; dann kann uns von ihm her nichts zufließen, dann kann seine Frucht, die Christus durch ihn bringen will – nicht wachsen.
Lassen Sie mich schließen mit einem Vergleich aus meiner Heimat. Wenn bei uns die Reben geschnitten werden, und man sieht, daß an den Schnittstellen der Saft tropft, dann sagen die Leute: der Weinstock weint. Es ist dem Herrn alles andere als gleichgültig, ob wir in ihm bleiben oder ob wir uns von ihm trennen. Der Weinstock würde weinen.

***

Elemente des Weihnachtsgeschehens im Jahreskreis

Auch wenn es die „Sonntage nach Epiphanie“ nicht mehr gibt, so setzt sich das Thema Epiphanie an den darauffolgenden Sonntagen fort.

Am 2. Sonntag im Jahreskreis wurden die „epiphanischen“ Lesungen aus dem Anfang des öffentlichen Wirkens Jesu ausgewählt.
Lesejahr A: Joh 1,29-34: „Seht, das Lamm Gottes“ und die Bezeugung der Taufe Jesu durch Johannes den Täufer.
Lesejahr B: Joh 1,35-42: „Seht, das Lamm Gottes“, die Berufung der Jünger und das Bekenntnis des Andreas: „Wir haben den Messias gefunden“ (Joh 1,41).
Das Kana-Motiv im Lesejahr C (Joh 2,1-12). Der Eröffnungsvers bildet noch einmal die Klammer dieses vom Epiphaniegeschehen geprägten Sonntags: „Alle Welt bete dich an, o Gott, und singe dein Lob. Sie lobsinge deinem Namen, du Allerhöchster.“

Am 3. Sonntag im Jahreskreis klingt in den Evangelien das Machtmotiv an: Jesus beruft die Jünger in seine Nachfolge (Lesejahr A und B: Joh 1,29-34; Joh 1,35-42). Das Evangelium im Lesejahr C berichtet vom ersten öffentlichen Auftreten Jesu in der Synagoge: „Heute hat sich das Schriftwort, das ihr eben gehört habt, erfüllt" (Lk 4,21).

Der Weihnachtsfestkreis endet mit dem Fest der Taufe Christi. „Mit dem Fest der Verkündigung des Herrn und mit Lichtmeß durchformt Weihnachten das ganze Jahr."[17] Aus diesem Grund hat hier zumindest das Fest der „Darstellung des Herrn" noch seinen Platz; das Fest, mit dem sich bis zur Liturgiereform der weihnachtliche Festkreis vollendete.

Fest der Darstellung des Herrn

„Seit Weihnachten", so führt das Meßbuch in den Sinn der Liturgie des Festtages ein, „sind 40 Tage vergangen. Heute feiern wir den denkwürdigen Tag, an dem Jesus im Tempel Gott dargestellt wurde. Durch dieses Geschehen wurde nicht nur das Gesetz erfüllt, sondern Christus begegnete zum ersten Mal seinem Volk, das ihn im Glauben erwartete. Vom Heiligen Geist geführt, kamen jene gottesfürchtigen Menschen, Simeon und Hanna, zum Tempel. Sie erkannten Jesus als ihren Herrn und Messias und verkündeten ihn voll Freude" (MB 620). Der biblische Hintergrund des Festes ist, daß Maria und Josef ihren Sohn Jesus in den Jerusalemer Tempel brachten.

Nach den alttestamentlichen kultischen Reinheitsvorschriften galt eine Frau nach der Geburt eines Knaben 40 Tage lang als unrein. Jeder Erstgeborene einer Familie galt als Eigentum Gottes und mußte durch ein Opfer ausgelöst werden. Daher wurde Jesus zum Tempel gebracht, um ein Opfer für die Reinigung Marias und die Auslösung Jesu darzubringen.[18] Maria und Josef, so berichtet die Heilige Schrift, opferten zwei junge Tauben. Die Taube war der

17 Rupert Berger, Kleines liturgisches Lexikon, Freiburg 1987, S. 149.
18 Vgl. Klemens Richter, Was ich vom Kirchenjahr wissen wollte, Freiburg 1982, S. 40.

einzige Vogel, der dargebracht werden durfte, und er war das Sühnopfer der armen Leute. Vor diesem biblischen Hintergrund hieß das Fest seit dem 7. Jahrhundert „Mariä Reinigung“; der Ursprung des Festes ist älter.
Schon die Pilgerin Aegeria bezeugt um das Jahr 400 das Fest (vgl. Peregrinatio Egeriae kap. 26). Der Bischof predigt über das Evangelium, und „die Geheimnisse“ werden gefeiert, „mit gleicher Freude wie Ostern“ (ebd.). Ursprünglich feierte man dieses Fest am 40. Tag nach Epiphanie, dem heutigen „Valentinstag“ (14. Februar).
Im Abendland ist das Fest jünger; es ist mit den übrigen großen Marienfesten um das 7. Jahrhundert in Rom eingeführt worden.

Vom Marienfest zum Christusfest

Bis zur Liturgiereform hieß das Fest „Mariä Reinigung“, im Volksmund bis auf den heutigen Tag „Mariä Lichtmeß“. Wie die alten Namen zeigen, wurde es bei uns eher als Marienfest verstanden. Seit gut 30 Jahren wird es wieder als Christusfest begangen, und an die Stelle der alten Namen ist die Bezeichnung „Fest der Darstellung des Herrn“ getreten. In der Ostkirche, bei den Christen in Griechenland und Rußland etwa, wird es „Begegnung unseres Herrn mit Simeon“ genannt. So wird im Titel schon deutlich, was wir an diesem Festtag feiern: Der Messias – Christus – kommt in seinen Tempel und begegnet dem Gottesvolk des Alten Bundes; den Menschen, die ihn im Glauben erwarten[19]. In den beiden Alten Simeon und Hanna begegnet der Erlöser zwei Menschen, die wie viele andere seit den Tagen des Propheten Mose die Hoffnung wachhielten, daß der Gottesgesandte kommen wird. Er kommt, um den Menschen die Erlösung zu bringen und die uralte Sehnsucht nach Frieden, Freude und ewigem Leben zu erfüllen. So heißt es in der Liturgie des heutigen Festes: „Freu dich, rechtschaffener Simeon. Auf deinen Armen trägst du unseren Befreier. Ihn, der uns Hoffnung auf Leben schenkt.“

19 Im Lateinischen entspricht der Titel des Festes „In Praesentatione Domini“.

Die Kerzenweihe

Im deutschen Sprachgebiet hat sich für diesen Festtag – wie bereits gesagt – der volkstümliche Name „Mariä Lichtmeß“ eingebürgert. Lichtmeß leitet sich von einer Lichterprozession ab, die eigentlich nur zufällig mit dem Fest verbunden war. Als Papst Sergius das Fest im 7. Jahrhundert in Rom einführte, verband er es mit einer Bitt-Prozession. Um das Dunkel der Nacht zu erhellen, trug man brennende Kerzen, wie auch sonst bei nächtlichen Prozessionen. Diese alte Tradition hat sich bis heute gehalten. Zu Beginn des Gottesdienstes werden Kerzen geweiht; es handelt sich um die Kerzen, die in der Kirche während des Jahres entzündet werden, aber auch die Gläubigen bringen ihre eigenen Kerzen mit, die dann zu Hause ihre Verwendung finden oder verschenkt werden.
Das Meßbuch sieht die Kerzenweihe im Rahmen einer Meßfeier vor. Wo keine Eucharistie gefeiert wird, kann in einem Wortgottesdienst die Kerzenweihe stattfinden.
Findet der Gottesdienst am Abend statt, ist es sinnvoll, schon in dieser Feier den „Blasiussegen“ zu spenden, der sich bis heute großer Beliebtheit erfreut. Am Ende der Feier wird kurz darauf verwiesen; siehe unten! (Eine eigene Segnung der Blasiuskerzen am Ende des Gottesdienstes sollte wegen der Verdopplung vermieden werden.) In diesem Fall nimmt man zwei „Lichtmeßkerzen“ für den Blasiussegen.

Zur Eröffnung

(Erste Form – vgl. Meßbuch S. 619 f)

„Die Gemeinde versammelt sich in einer Nebenkirche, bei einer Kapelle oder sonst einem geeigneten Ort, von dem aus die Prozession zur Kirche ziehen soll. Die Gläubigen halten Kerzen in den Händen.“ An diesem Ort, eventuell die Taufkapelle, steht die brennende Osterkerze.
Als Eröffnungsgesang: „Sieh, dein Licht wird kommen“ (GL 147); oder: Lied: „Morgenstern der finstern Nacht“ (GL 555).
Liturgische Eröffnung; Eröffnungswort: vgl. die Einführung im Meßbuch S. 620 (außer dem letzten Satz, wenn es sich um einen Wortgottesdienst handelt).

Nun werden die Kerzen gesegnet und die Gläubigen eingeladen, ihre Kerzen an der Osterkerze zu entzünden. (In einer kleinen Gemeinde kann das jeder selbst tun.) Ist die Zahl der Anwesenden größer, wird das von der Osterkerze entzündete Licht an den Nachbarn/die Nachbarin weitergegeben. Die Prozession zieht nun zur Kirche. Dabei singt der Kantor/die Schola den Lobgesang des Simeon (GL 700,3), und die Gemeinde respondiert mit der Antiphon: „Du bist das Licht, die Völker zu erleuchten, du deines Volkes Herrlichkeit" (GL 149,7); oder: „Werde licht, Jerusalem, Halleluja" (GL 153,1); oder: „Der Herr ist mein Licht und mein Heil" (GL 90). Wo dieser Lobgesang nicht möglich ist, kann ein anderer Gesang, der Christus als das Licht preist, gesungen werden.

Zweite Form (vgl. Meßbuch S. 622):
Die Gläubigen versammeln sich *in* der Kirche. Wo die alte Tradition besteht, die Krippe bis zum 2. Februar stehen zu lassen, kann man, wenn es die örtlichen Verhältnisse zulassen, dort beginnen. Das Licht wird von einer Kerze an der Krippe entzündet bzw. dann weitergegeben. Eröffnung und Gesänge wie oben.

Anregungen für die Predigt

Wir halten eine brennende Kerze in unseren Händen. Sie soll uns die Botschaft des heutigen Tages nahebringen. Sie ist Zeichen für Christus, Zeichen auch zugleich für unser Christsein in der Nachfolge des Herrn.
Die Kerze gibt Licht und Wärme, indem sie verbrennt, sich selbst verzehrt. Sie ist entzündet von einem Menschen und brennt für andere. Eine nur für sich selbst brennende und leuchtende Kerze wäre sinnlos. So ähnlich ist es mit dem Leben Christi. Er ist uns als das Licht der Welt erschienen; er ist als Licht in die Dunkelheit und Kälte dieser Welt hineingestellt – von Gott, damit die Welt heller und wärmer werde. Christus – das Licht der Welt; indem er sich für uns hingibt und uns dadurch neues Leben schenkt. Sein Leben war „Gottes Geschenk für uns". Diese Liebe Gottes darf uns nicht kaltlassen. Was Christus für die Menschen war, dürfen, ja sollen auch wir sein: Licht in der Dunkelheit und Leben für die Welt.
– Eine Kerze kann nur Licht und Wärme geben, wenn ihr Docht

tief im Wachs verwurzelt ist. Das heißt: Licht der Welt können wir nur sein, Liebe können wir nur geben, wenn wir in Verbindung mit der einzig wahren Lichtquelle, der einzig wirklichen Liebe stehen – mit Gott.

– Eine Kerze kann nur brennen, wenn sie genügend Sauerstoff hat. Bitten wir immer wieder neu den Geist Gottes, daß er uns tief mit Christus verbindet und daß die Flamme unseres Glaubens, unserer Hoffnung, unserer Liebe nicht erlischt.

– Schließlich: Eine Kerze, die entzündet ist, genügend Nahrung von unten und Sauerstoff von oben hat, kann überall brennen. So möge diese Kerze, die wir in den Händen tragen, uns erinnern, daß wir dort, wo wir leben, brennen, Licht und Wärme verbreiten für die Welt.

Als Abschluß kann der Kanon: „Mache dich auf und werde Licht" gesungen – gegebenenfalls auch getanzt werden.

Fürbitten

Vater unser

Schlußoration: aus dem Meßbuch, S. 625 (bei einem Wortgottesdienst unter Auslassung: „durch das Sakrament, das wir empfangen haben").

Es folgt die Überleitung zum „*Blasiussegen*" mit folgenden oder ähnlichen Worten:

Wir haben das Fest der „Darstellung des Herrn" gefeiert. Am Ende dieses Gottesdienstes, am Vorabend seines Gedenktages, kann der Blasiussegen gespendet werden; ein besonderer Segen auf die Fürsprache des in der Tradition der Kirche beliebten Heiligen. Der Segen, der gleich einzeln gespendet wird, greift unter einem inhaltsreichen Zeichen noch einmal die Botschaft des heutigen Festtages auf: zwei Kerzen, die über Kreuz gehalten werden. Das Licht und das Kreuz weisen hin auf ihn, Christus, für den der heilige Blasius sein Leben gab.

Es folgt der Segen; die Zeichenhaftigkeit verlangt, daß er einzeln gespendet wird!

***

Weihnachtliches Brauchtum

Der Christbaum[20]

Der Christbaum will – wie der Name sagt – ein christliches Zeichen sein und auf Christus verweisen. Im 16. Jahrhundert, als der Brauch des Christbaumes aufkam, schmückte man den Tannenbaum mit roten Äpfeln. So wurde zunächst der biblische Lebensbaum dargestellt, dessen Zugang für die Menschen nach dem Sündenfall verwehrt war (vgl. Gen 3,24). Neben den rotbackigen Äpfeln waren Oblaten der älteste Christbaumschmuck. Die Oblaten waren Symbol für Jesus Christus im Sakrament der Eucharistie. In der Eucharistie haben wir Anteil an der Erlösung Jesu Christi. Die Oblate wurde damit zum Symbol für den Leib Christi, der zur Vergebung der Sünden dargeboten ist. Aus den Oblaten-Hostien ist später das Weihnachtsgebäck geworden, das heute oft den Tannenbaum zu zieren pflegt. Auf diesen Weihnachtslebkuchen waren oft Adam und Eva dargestellt.

Der Christbaum, als Paradiesbaum geschmückt, zeigt uns an Weihnachten, daß das Paradies wieder offensteht. Die brennenden Kerzen verweisen auf Christus, das Licht der Welt. Durch ihn, den neuen Adam, wurde uns ein neuer Zugang zum Reich Gottes geschenkt. Der Christbaum ist schließlich auch ein Zeichen für die „zweite Weihnacht". Er weist hin auf das Kommen Christi in der Endzeit, wenn der neue Himmel und die neue Erde endgültig Wirklichkeit werden. Im Psalm 96 – wir beten den Psalm am Hochfest der Erscheinung des Herrn in der Lesehore – heißt es: „Alle Bäume des Waldes werden jubeln vor dem Herrn, wenn er kommt."

Die Weihnachtskrippe

Franz von Assisi gilt als der „Erfinder" der Weihnachtskrippe, seit er 1223 in der Grotte von Greccio mit seinen Brüdern Weihnachten

20 Vgl. dazu: Oscar Cullmann, aaO., S. 50-68.

feierte. Mit der Krippe im Wald wollte der Heilige den Bettlern dieser Gegend zeigen, daß auch Jesus bei seiner Geburt arm und mittellos war. „Er hat viele Nachahmer gefunden in Form von geistlichen Weihnachtsschauspielen – und zu Anfang der Neuzeit durch das Entstehen plastischer Darstellungen, in Kirchen zunächst, aber auch als volkstümliche Hauskrippen“ (Max Huber).
Die Weihnachtskrippe ist sozusagen der Kristallisationspunkt der weihnachtlichen Botschaft. An Heiligabend bringen Kinderkrippenfeiern den Jüngsten das Weihnachtsgeschehen nahe. In der Christmette kann der Diakon/Priester an der Krippe die Weihnachtsbotschaft verkünden und auch die Krippe inzensieren. Beliebt sind in der Weihnachtszeit die „Krippengänge“; man besucht die umliegenden Kirchen und schaut sich die dortigen Krippen an. Manchmal liegt in der Kirche ein Buch aus, um einen Eindruck, ein Gebet, ein Anliegen zu formulieren. Andachten in der Weihnachtszeit können ihren Ort bei der Weihnachtskrippe haben.
Auch wenn der weihnachtliche Festkreis mit dem Fest der Taufe des Herrn endet, hat sich in vielen Gemeinden der Brauch beibehalten, die Krippe bis zum Fest der Darstellung des Herrn stehenzulassen. Wenn es die räumlichen Verhältnisse zulassen, können dann dort die Kerzen gesegnet werden und die Prozession ihren Weg nehmen (vgl. S. 111).
Schon in der Adventszeit kann durch den sukzessiven Aufbau der Krippe das *Weihnachtsgeschehen* deutlich werden.[21]

Lebkuchen

Das Lebkuchenherz – Eine Zeichenpredigt für die Weihnachtszeit

Das Lebkuchenherz gehört seit Jahrhunderten zum Festtagsgebäck an Weihnachten. Was wir in diesen Tagen so gerne essen – Plätzchen und Lebkuchen –, geht auf den altchristlichen Brauch zurück, am Ende der Meßfeier gesegnetes, nichtkonsekriertes Brot den Gläubi-

21 Vgl. dazu: Hermann Kirchhoff, Christliches Brauchtum von Advent bis Ostern, München 1984, S. 74-77.

gen auszuteilen, das dann daheim verzehrt wurde. (Diese Tradition haben viele Gemeinden noch an Ostern in Form der Speisensegnung bewahrt.) Fromme Phantasie hat diese Brote mit der Zeit veredelt und kunstvoll ausgestattet zu „Bildbroten". Daher der Name „Printen" = imprimere, aufgeprägtes Bild und „Spekulatius" = speculum, „Spiegel", „Abbild", das ursprünglich christliche Motive zeigte.[22] Und wer weiß noch, daß der uns allen bekannte Weihnachts-/Christ-Stollen als Abbild des gewickelten Christkindes gedeutet wurde?

„Gott hat ein Herz für uns Menschen!"

Mit diesem Satz möchte ich die weihnachtliche Botschaft zusammenfassen, die uns in der Heiligen Nacht verkündet wird: Gott hat ein Herz für uns Menschen. Diese frohe Botschaft soll auch deutlich werden in diesem Lebkuchenherz. Man schenkt es sich als Gabe zum „herzlichsten" aller christlichen Feste. Ich meine, dieses Lebkuchenherz kann uns eine Hilfe sein, das Geheimnis des Weihnachtsfestes so auszudrücken, daß es uns wieder „zu Herzen geht", daß wir die Erfahrung machen: Gott hat ein Herz für uns.

Fragen wir uns zunächst: Wo erfahren wir Herzlichkeit?

Ich denke an unsere Kinder, die unverstellt herzlich sein können. Um ihre kindhafte Liebe auszudrücken, lassen sie einfach ihr Herz sprechen: „Ich hab' dich lieb!" Oft malen sie auch Herzen auf Papier, schneiden sie aus und verschenken sie.

Ich denke auch an verliebte Menschen, die ein Herz in den Stamm eines Baumes, in eine Bank ritzen oder irgendwo hinmalen und da hinein ihre Namen schreiben – mitten ins Herz – Ausdruck der Liebe!

Schließlich denke ich an die Alten, die zu den Lichtern und rotbackigen Paradiesäpfeln an ihrem Christbaum herzförmige Honig-Lebkuchen hängten und so den von Leben strotzenden Baum des Paradieses vor sich hatten.

Dreimal Herzlichkeit! Bringen diese Menschen nicht auf ihre Weise die Erfüllung ihrer tiefsten Sehnsucht zum Ausdruck, wie wir sie an Weihnachten feiern? Daß Gott uns in seinem menschgewordenen Sohn sein Allerliebstes, sein Herz geschenkt hat? Daß *Er* uns in ihm herzhaft und herzlich liebt und sein endgültiges Ja zu uns mit seinem

22 Vgl. Inge Carius, Gebildbrot – Brauchtum im Jahres- und Lebenslauf, Königstein 1982, das viele Anregungen zum Erstellen der „Gebildbrote" enthält.

eigenen Herzen verbürgt? Niemand hat Gott gesehen. Er, der am Herzen des Vaters ruht, er hat die Kunde gebracht.
So wie wir mit einem Lied im Gotteslob singen: „Gott hat ein Herz für uns Menschen“. Da heißt es:

1. Alles Leben ist dunkel.
Keiner weiß, wo er endet.
Jeder sehnt sich nach Glück.
Gott hat ein Herz für den Menschen:
Jesus ward einer von uns.

2. Jesus lebt' unser Leben.
Jesus trug unsre Sünden.
Jesus starb unsern Tod.
Gott hat ein Herz für den Menschen:
Jesus ist einer von uns.

3. Mitten in Jesu Worten,
mitten in Jesu Taten,
schlägt dies Herz für die Welt.
Gott hat ein Herz für den Menschen:
Jesus ist dieses Herz.

Maria Luise Thurmair

Das Lebkuchenherz, nach uraltem Rezept mit der Hand gebacken, will ein Zeichen sein; ein herzliches und zugleich ein sprechendes Zeichen für das, was in der ersten Weihnacht mit unserem Leben schon grundsätzlich geschehen ist.
Der Honig darin sagt: Weil Christus, Gott, einer von uns geworden ist, darum enthält unser „bitteres“ Leben in seinem Kern schon das süße Ja seiner Liebe. Zu aller Bitterkeit unseres Lebens ist schon der Honig des Geliebtwerdens gekommen, einer Liebe, die von keinem Tod und von keiner Sinnlosigkeit bedroht ist.
Und die köstlichen Gewürze, die sich im Teig dieses Herzes befinden – mit ihren kostbaren Namen wie aus Tausendundeiner Nacht (Cardamom, Ingwer, Zimt, Macisblüte, Nelken, Piment, Rosenwasser, Bittermandel, Orangeat und Zitronat) –, sagen: Unser Leben ist durch sein herzliches Ja zu uns von innen heraus aufs köstlichste „gewürzt“, auch wenn es oftmals fade schmeckt.
Ja, unserem Leben ist von Herzen zugestimmt worden – durch *Ihn*.

Wo Er ist, da stimmen Himmel und Erde, Gott und Mensch überein. So wird dieses Honiggebäck an Weihnachten zum Zeichen des Friedens, der Eintracht und der Freude. „Kostet und seht, wie gütig der Herr ist." So rief die Liturgie einst die Gäste Gottes an den festlichen Tisch der Eucharistie. Ja, so leibhaftig-konkret ist Gottes Heil für uns, daß wir geladen sind, es mit allen Sinnen zu „verkosten".

Gott offenbart sich den Menschen auf menschliche Weise, daß wir ihn erfahren können. Er kommt als Kind. Die Menschen *sehen* ihn mit eigenen Augen; sie *hören* seine Botschaft und *verkosten* geradezu diese Erscheinung Gottes, indem die Hochzeitsgäste von Kana das Wunder *schmecken*: das Wasser, das zu Wein geworden ist.

Das will uns auch dieses Lebkuchen-Herz an Weihnachten sagen: Wenn wir den Duft und die Würze schmecken, wenn wir hineinbeißen in den süßen Honigkuchen, dann soll unser Herz, das angefochtene, wieder neu verkosten, daß er uns Leben geben will; Leben, das schmeckt.

Nehmen wir einen herzhaften Bissen von diesem irdischen Honigkuchen, und beißen wir so gleichsam hinein in die himmlische Verheißung, an die zu glauben uns oft so bitterschwerfällt. Kosten wir den süßen, würzigen Kern unseres Lebens; kosten und verkosten wir, daß wir menschlich geliebt sind von dem, der durch und durch „Barm-herz-igkeit" ist; der ein Herz für uns Arme hat, Misericordia – ein Herz (cor) für unsre Misere.

Diese Erfahrung, mit allen Sinnen genossen, möge uns stärken zu einer herz-haften Antwort auf Gottes weihnachtliches Wort, das Fleisch geworden ist: Jesus Christus.

Wie uns das Lebkuchen-Herz ein sprechendes Beispiel ist für Gottes Botschaft: „Ich schenke euch mein Herz, meinen Sohn", so soll gleichzeitig dieses Herz Zeichen sein für unsere Antwort, unseren Glauben an ihn.

Gott neu unser Herz schenken, indem wir kraft seiner herzlichen Liebe zu uns von Herzen gut miteinander umgehen und so füreinander „genießbare" Menschen werden – vor allem für die, deren Leben bitter schmeckt und ohne Süßigkeit ist.

Von neuem dazu bereit, getrauen wir uns dann einzustimmen in das alte Weihnachtslied: „In seine Lieb versenken, will ich mich ganz hinab. Mein Herz will ich ihm schenken und alles, was ich hab. Eja,

eja, und alles, was ich hab." (Nach Maria Brunnhuber und Paul Ringseisen – Freising)

Vom Schenken an Heiligabend

In den Tagen und Wochen vor Weihnachten halten viele Menschen Ausschau nach einem passenden Weihnachtsgeschenk. „Weihnachten – Zeit der Geschenke", so lautet ein Slogan einer Warenhauskette, und viele stürzen sich daraufhin ins Getümmel, um Geschenke zu kaufen. Es gibt aber auch Aussteiger, die sagen: Ich mache den Rummel nicht mehr mit. Wir verzichten dieses Jahr auf Geschenke. Kinder hingegen schreiben lange Wunschzettel und wären enttäuscht, müßten sie an Weihnachten auf Geschenke verzichten.
Schenken und beschenkt werden ist im Grunde etwas sehr Schönes. Es weist auf eine Beziehung hin; da ist einer, der gibt, und einer, der empfängt. Schenken kann Ausdruck von Nähe, Zuneigung, ja Liebe sein. Menschliche Nähe drückt sich in der Mit-teilung aus. Ich teile etwas von mir dem anderen mit – meine Zeit, mein Leben. Eheleute machen sich so selbst zum Geschenk. Schenken ist Ausdruck der Liebe. Und weil Liebe frei macht, kann es beim Schenken keinen Zwang geben. Die Erwartungshaltung: Ich schenke etwas, damit auch ich etwas geschenkt bekomme, widerspricht diesem urmenschlichen Grundzug. Gerade das Überflüssige des Schenkens ist Zeichen der Liebe; was nicht not-wendig ist – das macht das Geschenk aus. Ein Stück absichtslose Güte! Besonders kostbar und schön ist ein Geschenk, wenn darin der Schenkende gegenwärtig ist. Wir sprechen ja von einem Präsent, das ich überreiche: es soll ausdrükken, daß hierin der Gebende ein Stück präsent, gegenwärtig, sein will. Das heißt in der Konsequenz, daß ich mich beim Schenken nicht vom Zwang und auch nicht von der Größe eines Gegenstandes leiten lassen soll; Geschenke haben einen Sinn, wenn sie von Herzen kommen. Ein Sprichwort aus Zaire lautet: „Schenken heißt: Geben mit dem Herzen; die Hände geben nur her." Auf unsere Gesinnung, auf unsere Einstellung zum Schenken kommt es deshalb an. Was möchte ich mit diesem Geschenk wirklich ausdrücken? Bin ich ein wenig selbst darin präsent?
Wir sind oft bereit, alles mögliche für andere auszusuchen, nur das

eine nicht, was wir Menschen wirklich brauchen: Liebe und Nähe. Liebe, die sich darin ausdrückt, daß ich Zeit für jemanden habe, einfach für ihn da bin. Ein Geschenk, nach dem sich viele sehnen, dem anderen Zeit schenken. So könnte eine ganz neue Kultur des Schenkens entstehen, die vieles verändern könnte.

Weihnachten verkündet uns: „Ein Kind ist uns geboren, ein Sohn ist uns geschenkt."

Der Anlaß unseres Schenkens an Weihnachten ist Jesus Christus selbst, dessen Geburtsfest wir feiern. Gott selbst ist ein Urbild des Schenkens. Gnade – lateinisch gratia – ist ein Grundwort christlichen Glaubens. Gratis, absichtslos, aus Liebe hat Gott uns mit seinem Sohn beschenkt. Wir gehören in sein göttliches Leben hinein. In diesem Kind in der Krippe händigt er sich selbst aus. „So sehr hat Gott die Welt geliebt, daß er seinen einzigen Sohn für uns hingab, damit jeder, der an ihn glaubt, ewiges Leben hat" (Joh 3,16).

Er schenkt sich jedem, der ihn haben will. Er kommt als Kind. Damit ermächtigt er uns zum Schenken all unserer Liebe. So ist christliches Schenken Ausdruck jenes Geschenkes, das er selbst ist. Diesen Zusammenhang sollte man den Kindern und uns allen bewußtmachen, damit nicht der Brauch weihnachtlichen Schenkens sinnentleert wird. Einer solchen Tendenz kann man entgegentreten, wenn man verdeutlicht, was wirkliches Schenken heißt, und am Heiligen Abend diesen Brauch in den Rahmen einer häuslichen Bescherung einbettet, indem man zum Beispiel ein Weihnachtslied singt, das Evangelium von der Geburt Christi liest und dann die Geschenke verteilt.

Weiterführende Literatur

Adventszeit

Adam, Adolf, Der Advent als weihnachtliche Vorbereitungszeit, in: Das Kirchenjahr mitfeiern, Freiburg 1979, 109-116.

Ders., Der Weihnachtsfestkreis, in: Das Kirchenjahr. Schlüssel zum Glauben, Freiburg 1990, 12 52.

Bader, Wolfgang (Hg.), Gedanken zum Advent, München/Zürich/Wien 1990.

Beinert, Wolfgang, Dezember-Gedanken. Meditationen zur Advents- und Weihnachtszeit, Regensburg 1984.

Bieritz, Karl Heinrich, Die Adventszeit, in: Das Kirchenjahr. Feste, Gedenk- und Feiertage in Geschichte und Gegenwart, München 1987, 179-188.

Boekholt, Peter/Schützner, Norbert, Adventliche Gottesdienste und Meditationen. Gemeinde – Jugend – Familie, München 1987.

Casel, Odo, Advent – Über die Lebensform des Christen, in: Gegenwart des Christus-Mysteriums. Ausgewählte Texte zum Kirchenjahr, Mainz 1986, 29-42.

Croce, W., Die Adventsliturgie im Lichte ihrer geschichtlichen Entwicklung, in: ZKTh 76 (1954), 257-296; 440-472.

Delp, Alfred, Der Mensch im Advent; hg. von Roman Bleistein, Frankfurt 1984.

Gottesdienst der Kirche. Handbuch der Liturgiewissenschaft. Teil 5: Hansjörg Auf der Maur, Feiern im Rhythmus der Zeit – 1. Herrenfeste in Woche und Jahr, Regensburg 1983, 179-185.

Grün, Anselm, Heilendes Kirchenjahr (Münsterschwarzacher Kleinschriften Bd. 29), Münsterschwarzach 1985, 23-28.

Hollerweger, Hans, Bereitet den Weg. Hilfen zur Gestaltung von Advent und Weihnachten, Regensburg 1983.

Löhr, Aemiliana, Das Herrenjahr. Das Mysterium Christi im Jahreskreis der Kirche, Regensburg 1951, 19-76.

Maas-Ewerd, Theodor, Auf dem Weg durch die Zeit. Predigten und Besinnungen zum Kirchenjahr, Regensburg 1982, 178-193.

Ders., Vom Sinn des Advents, in: Besondere Tage im Jahr. Liturgische Betrachtungen, München 1985, 13-16.

Parsch, Pius, Der Advent. Bereitung seiner Ankunft, in: Das Jahr des Heiles. Bd. I, Klosterneuburg 1938, 27-222.

Rauchenecker, Herbert, Lebendiges Brauchtum. Kirchliche Bräuche in der Gemeinde, München 1985, 164-172.

Reckinger, François, „Mit brennenden Lampen". Von der Aktualität des Advents, in: Da bin ich mitten unter euch. Gelebtes Kirchenjahr, Freiburg 1981, 171-189.

Ders., Seine tröstende Ankunft voll Freude erwarten: die einzigartige Zeit des Advents, in: Gott begegnen in der Zeit. Unser Kirchenjahr, Paderborn 1986, 139-147.

Richter, Klemens, Was ich vom Kirchenjahr wissen wollte. Zu Fragen aus der Gemeinde von heute, Freiburg 1982, 21-27.

Sartory, Gertrude und Thomas, Advent: Erde und Himmel – Tag und Nacht, in: Wenn Himmel und Erde sich begegnen, Freiburg 1979, 17-32.

Tyciak, Julius, Jahreskranz der Güte Gottes. Das Jahr der Kirche, Mainz 1953, 27-49.

Weihnachtszeit

Cantalamessa, Raniero, Ehre sei Gott – Friede den Menschen. Betrachtungen zum Geheimnis der Menschwerdung, München/Zürich/Wien 1988.

Cullmann, Oscar, Die Entstehung des Weihnachtsfestes und die Herkunft des Weihnachtsbaumes, Stuttgart ²1991.

Fischer, Henry, Das Weihnachtspaket. Betrachtungen zum Weihnachtsfest, Hildesheim 1983.

Hagemann, Wilfried (Hg.), Zum Geburtstag des Herrn. Gedanken bekannter Christen zum Weihnachtsfest, München/Zürich/Wien 1987.

Kapellari, Egon, Glanz strahlt von der Krippe auf: Weihnachtsbetrachtungen, Graz/Wien/Köln 1991.

Kirchhoff, Hermann, Christliches Brauchtum: Von Advent bis Ostern, München 1984, 15-55.

Lehmann, Karl, Vor dem Wunder der Weihnacht. Meditationen und Besinnungen, Freiburg ³1989.

Leiser, Udo/Schwartz, Wolfgang, Rorate-Gottesdienste. Frühschichten, Wortgottesdienste, Eucharistiefeiern, Freiburg ²1988.

Mehlig, Marianne, Die schönsten Weihnachtsbräuche, München 1980.

Nyssen, Wilhelm, Weihnacht im Aufgrünen der Erde. Schriftenreihe des Zentrums patristischer Spiritualität ORIENS im Erzbistum Köln, hg. von Wilhelm Nyssen (XIV), Köln 1984.

Ristow, Günter, Die Geburt Christi in der frühchristlichen und byzantinisch-ostkirchlichen Kunst, Recklinghausen 1963.

Schaube, Werner, Nun ist die Zeit. Wortgottesdienste für Advent und Weihnachten in der Gemeinde, Freiburg 1989.

Schilson, Arno, Gott kommt als Kind, Freiburg/Basel/Wien ²1977.
Schmeisser, Martin (Hg.), Feiern wir mit Fröhlichkeit. Das Liederbuch zur Weihnachtszeit, Freiburg/Basel/Wien 1990.
Schönborn, Christoph, Das Geheimnis der Menschwerdung, Mainz 1983.
Seuffert, Josef, Advent – Werktagsmessen und Andachten, München ²1985.
Struss, Dieter, Goldene Weihnacht. Geschichten, Bräuche und Rezepte von Advent bis ins neue Jahr, München 1984.
Totzke, Irenäus (Hg.), Geburt in der Höhle. Das Weihnachtsfest in der Überlieferung der Ostkirche, Freiburg 1984.
Werkbuch zum „Gotteslob". Bd. I: Advent, Weihnachtszeit, Freiburg 1975. (Jeder Band enthält: I. Hilfen für die Auswahl der Gesänge aufgrund des Meßbuches und der Leseordnung für die Eucharistiefeier; II. Informationen über die einzelnen Gesänge und Hinführung zu Text und Melodie; III. Vorschläge für Gottesdienstformen neben der Meßfeier.)

Abkürzungsverzeichnis

AEM = Allgemeine Einführung in das Römische Meßbuch
GL = Gotteslob
GOK = Grundordnung zum Kirchenjahr
MB = Meßbuch
PEM = Pastorale Einführung ins Meßlektionar

Quellennachweis

Texte

S. 16 ff: Josef Dirnbeck, An diesem letzten Tag. Rechte beim Autor.
S. 53: Quelle unbekannt.
S. 116: Maria Luise Thurmair, Alles ist dunkel, Christopherus-Verlag, Freiburg.

Die Ständige Kommission für die Herausgabe der gemeinsamen liturgischen Bücher im deutschen Sprachgebiet erteilte für die aus diesen Büchern entnommenen Texte die Abdruckerlaubnis. Im einzelnen handelt es sich um:
S. 15: Silja Walter, Erwartet den Herrn;
S. 23: Tagesgebet vom Freitag der zweiten Adventswoche;
S. 24: Tagesgebet vom Montag der ersten Adventswoche;
S. 26: Tagesgebet vom Mittwoch der zweiten Adventswoche;
S. 26: Präfation von Advent II;
S. 29: Tagesgebet vom 4. Adventssonntag;
S. 43: Antwortgesang der Vesper an den Werktagen von Montag bis Samstag im Advent;
S. 43 Oration vom Donnerstag der ersten Adventswoche;
S. 78: Vesperantiphon vom Oktavtag von Weihnachten;
S. 80: Präfation von Weihnachten II;
S. 84: Responsorium der Lesehore;
S. 90: Tagesgebet – Hochfest der Gottesmutter
S. 94 f: Benedictus- und Magnificat-Antiphon – Hochfest der Erscheinung des Herrn;
S. 100: Präfation – Taufe des Herrn;
S. 101: Tagesgebet I – Taufe des Herrn.

Bilder

S. 23: Entnommen aus: Das Gesegnete Jahr. Bilder und Texte zum Kirchenjahr, hg. vom Informationszentrum Berufe der Kirche, Freiburg, S. 17.
S. 25: „Christus der Weltenrichter“, aus: Der Paradiesgarten der Herrad von Landsberg, Elsaß.
S. 34: „Die Wurzel Jesse“, Holzschnitt, 15. Jahrhundert.
S. 47: Albanipsalter, 12. Jh. Hildesheim.
S. 48: Photograph MS 32 (Utrecht Psalter), f. 13v. Universitätsbibliothek, Utrecht.
S. 62: A. Hück.
S. 63: Privat.
S. 75: Suzdal.
S. 77: Kiedricher Graduale 13. Jh., entnommen aus: Das Kiedricher Kyriale. (c) Chorstift Kiedrich/Rheingau.
S. 79: Suzdal.
S. 99: A. Neuwald, in: Pfarrbriefmaterialdienst „image", Ausgabe 11/89 (Januar 1990), Bergmoser + Höller Verlag, Aachen.